第五册

中华传统文化
走进齐文化
5

《中华传统文化——走进齐文化》编委会 编

中国社会科学出版社

图书在版编目(CIP)数据

中华传统文化:走进齐文化:全十二册/《中华传统文化——走进齐文化》编委会编. —北京:中国社会科学出版社,2023.6(2023.11重印)
ISBN 978-7-5227-2077-7

Ⅰ.①中… Ⅱ.①中… Ⅲ.①齐文化—青少年读物
Ⅳ.①K871.3-49

中国国家版本馆 CIP 数据核字(2023)第 105321 号

出 版 人	赵剑英
责任编辑	孙婷筠
责任校对	牛　玺
责任印制	戴　宽

出　　版	中国社会科学出版社
社　　址	北京鼓楼西大街甲 158 号
邮　　编	100720
网　　址	http://www.csspw.cn
发 行 部	010-84083685
门 市 部	010-84029450
经　　销	新华书店及其他书店
印刷装订	北京君升印刷有限公司
版　　次	2023 年 6 月第 1 版
印　　次	2023 年 11 月第 2 次印刷
开　　本	710×1000　1/16
印　　张	95
字　　数	1505 千字
定　　价	163.00 元(全十二册)

凡购买中国社会科学出版社图书,如有质量问题请与本社营销中心联系调换
电话:010-84083683
版权所有　侵权必究

《中华传统文化——走进齐文化》编纂委员会

主　　任：崔国华
副 主 任：张锡华　王先伟　刘建伟　段玉强　王　鹏　冷建敏
　　　　　刘　琳　罗海蛟
名誉主任：张成刚　刘学军　宋爱国
委　　员：（以姓氏笔画为序）
王　宏　王　凯　许之学　许跃刚　孙正军　孙林涛　孙镜峰
李安亮　李新彦　李德乾　张建仁　张振斌　韩相永　路　栋

《中华传统文化——走进齐文化》编审人员

主　　编：徐广福　李德刚
副 主 编：王　鹏　朱奉强　许跃刚　李新彦　吴同德　于建磊
　　　　　闫永洁
编写人员：（以姓氏笔画为序）
于孝连　王会芳　王桂刚　王景涛　边心国　齐玉芝　李东梅
张爱玲　赵文辉　高科江　袁训海

《中华传统文化——走进齐文化》本册编委

本册主编：李德乾

副 主 编：王景涛　国　芳

编　　者：国　芳　刘玉芳　高江波　韩　芳
　　　　　李美英　王　芹　袁　培　路玉花

美术编辑：丛　琳

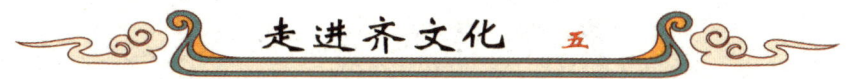

前 言

齐文化是中华民族传统文化的重要组成部分，它所具有的鲜明的开放、包容、务实、创新的文化精神，不仅在我国古代社会产生过重大影响，而且已经穿越时空，历久弥新，对今人依然有许多启迪和借鉴意义。

《中华传统文化——走进齐文化》编写委员会以教育部《完善中华优秀传统文化教育指导纲要》为指针，从传统文化与时代精神的结合上把握齐文化的特点，遵循青少年身心发展规律和教育规律，面向中小学生，一体化设计本书的编写内容与编写体例，使本书由浅入深，由分到总，由具象到抽象，由感性到理性，点面结合，纵向延伸，呈现出层级性、有序性、衔接性和系统性。

本书编写以"亲近齐文化—感知齐文化—理解齐文化—探究齐文化"为总体编写思路。

小学低年级（一至二年级），以滋养学生对齐文化的亲近感为侧重点，开展启蒙教育，培育热爱齐文化的情感。

小学高年级（三至五年级），以提高学生对齐文化的感知力为侧重点，开展认知教育，使学生了解齐文化的丰富多彩。

初中阶段，以增强学生对齐文化的理解力为侧重点，开展通识教育，使学生了解齐国历史的重要史实和发展的基本线索，以及齐地风俗，赏析齐国的文学艺术和经典名著选段，提高对齐文化的认同度。

高中阶段，以提升学生对齐文化的理性认识为侧重点，开展探究教育，引导学生认识齐文化形成与发展的悠久历史过程，领悟齐人创造的物质文化、制度文化和精神文化，探究齐文化的重要学说，发掘齐文化的历史价值和现实意义，弘扬和光大齐文化。

基于上述编写的指导思想与编写思路，本书在编写过程中与时俱进，注重齐文化教育与践行社会主义核心价值观相结合，齐文化教育与时代精神相结合，课堂学习与实践教育相结合，学校教育、家庭教育与社会教育相结合。

正如经济领域有第一产业、第二产业、第三产业一样，教育领域也有第一课堂、第二课堂、第三课堂。本书的编写意在为中小学生的第三课堂提供一套系统化的齐文化"课程"。从小学一年级到高中三年级共计十二册，学生经过十二年的序列化学习，逐步深入了解齐文化、继承齐文化，并创新性地发展齐文化。青少年学生通过亲近、感知、理解、探究齐文化，以此弘扬爱国主义精神，培养家国情怀，提升文化自信力，为实现中华民族伟大复兴的中国梦奋然前行。

《中华传统文化——走进齐文化》编委会

2023 年 2 月

目　录

走进齐文化　五

第一单元　诗歌欣赏

第1课　　淄水……………………………………（2）
第2课　　浥源诗…………………………………（5）
第3课　　临淄八景诗……………………………（8）

第二单元　典故传说

第4课　　秉笔直书………………………………（13）
第5课　　狡兔三窟………………………………（16）
第6课　　视死如归………………………………（19）
第7课　　矮槐树的传说…………………………（22）

第三单元　名人风采

第8课　　杞梁妻…………………………………（26）
第9课　　钟离春…………………………………（29）
第10课　　太史君…………………………………（33）
第11课　　田稷母…………………………………（36）
第12课　　义继母…………………………………（39）
第13课　　缇萦……………………………………（42）

第四单元　经典名著

第14课　　考工记…………………………………（47）

第15课　《甘石星经》……………………………（50）

第16课　《诊籍》……………………………………（53）

第17课　《齐民要术》………………………………（56）

活动探究课　经典名著知识竞赛……………………（59）

第五单元　齐风遗韵

第18课　韩信岭………………………………………（62）

第19课　邹阳故里……………………………………（66）

第六单元　城台寻踪

第20课　雪宫…………………………………………（70）

第21课　梧台…………………………………………（73）

第22课　鄩台…………………………………………（76）

第七单元　古冢传奇

第23课　黔敖墓………………………………………（80）

第24课　三士冢………………………………………（82）

第25课　公冶长墓……………………………………（85）

第26课　黔娄墓………………………………………（87）

第八单元　文物撷英

第27课　临淄古钱币…………………………………（90）

第28课　齐瓦当………………………………………（93）

第29课　临淄铜镜及镜范……………………………（96）

第30课　临淄陶文……………………………………（99）

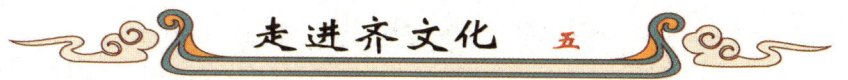

第一单元　　诗歌欣赏

两千多年来，多少文人墨客，宦海游子，每到齐地和临淄，无不面对沧桑之变，触景生情：或抒兴亡之叹，或寄离黎之悲，或发思古幽情，或寓身世之感，留下了许多动人的诗篇。

中华传统文化

第1课　淄　水

[清]赵执信

寒沙小渡远逶（wēi）迤（yí），淄水东流无尽期。

莫怪田巴清自镜，要将面目示齐儿。

淄　江

淄　江

走进齐文化 五

诗文解析

注释

寒沙：寒冷的沙滩，这里指河岸。

小渡：小舟摆渡。

逶迤：连绵不断。

齐儿：齐民。

译文

乘着小舟在连绵的江面摆渡，淄江向东流去，远远的看不到尽头。不要怪罪田巴在淄江中照自己的形貌，他是要将自己的面目让齐国的百姓看到。

解析

这首诗选自《四库全书·因园集》，作者是清朝诗人赵执信（1662—1744年），字伸符，号秋谷，晚号饴山老人、知如老人。山东省淄博市博山人。他是清代著名的现实主义诗人、诗论家、书法家。本诗作者通过描写连绵不断的淄江，赞美田巴行修于内，智明于外的品质。

中华传统文化

日积月累

田巴：战国时齐国辩士。相传其辩于徂丘，议于稷下，一日服十人。《新序》载：齐有田巴先生者，行修于内，智明于外，齐君闻其贤，聘而问政焉。田巴对曰："政在正身，正身之本，在于群臣。大王召臣，臣改制前饰，将造公门，问於臣妾曰：'奚若？'妾爱臣曰：美。将出门，问从者，从者畏臣曰：美。及临淄水而观影，然后自知丑恶也。今齐之臣妾谀王者，非特二人，王如临淄水见己之恶过而能改，斯齐国治矣。"

分享交流

1. 田巴为什么要到淄江边照出自己的容貌呢？
2. 你赞同田巴的为政思想吗？

拓展活动

查找资料，了解齐国辩士田巴的故事，讲给你的家人和朋友听。

走进齐文化 五

 渑（shéng）源 诗

[明]于菊梦

雨后松泥屐（jī）齿粘，渑源乍觉水清添。

桥南一带垂杨柳，恰趁风前挂酒帘。

渑 水

中华传统文化

诗文解析

注释

屐齿：木屐齿。刘熙《释名·释衣服》："屐课践泥也，此亦可步泥而浣之，故谓之屐（木鞋）也。"

水清添：渑水系地下泉涌之河，故倍觉清澈。

酒帘：旧时酒家所用的酒幌。以布缀竿悬于门首，以招徕酒客。

译文

雨后，木屐齿上粘满泥松的软土，走过渑水，忽然觉得河水更加清澈。桥的南边一带杨柳低垂，趁着还没有起风，先把酒帘挂起来。

解析

本诗选择民国《临淄县志》。描述了作者雨后漫步渑水源头申池，看到清流微波，环境幽静优美，田园人家一派兴旺，不禁触景生情，写下此诗。

日积月累

渑水，古水名，发源于临淄齐故城小城西，古时此处平地出泉，泉流汇聚成池，称申池。当时的申池，茂林修竹，曲径回廊，在阳光照耀下，

走进齐文化 五

清流微波，浮光泛金，环境十分幽静优美。申池和发源于申池的水系，让两岸成千上万劳动人民丰衣足食，也创造了丰富的文化。

分享交流

明朝诗人黄卿也写了一首描写渑水的诗，读一读，比较这两首诗有什么不同呢？

渑 水 田 家
[明] 黄卿

杨柳墟落尽，斜径傍鸣湍。芳荪绕蓬草，高树出炊烟。南岭忽微雨，樵夫扣柴关、稚子驱黄犊，荆布摘葵荃。檐前积药草，桑下缚鱼竿。开栅放鸡鸭，竞啄红蓼滩。西成今岁好，老翁有欢颜。夕阳倒浊酒，浩歌击壤篇。

拓展活动

查找资料，观察地图，了解古代渑水流经现代临淄的哪些村庄。

中华传统文化

 临淄八景诗

[明] 韩超然

高阳馆外酒旗风,矮矮槐阴夏日浓。

秋入龙池月皎皎,春回牛山雨蒙蒙。

古冢遗迹怀晏相,荒台故址吊桓公。

淄江钓罢归来晚,西寺搂头听晓钟。

西天寺造像

走进齐文化 五

诗文解析

注释

高阳馆外酒旗风：当年高阳城酒馆林立、酒旗猎猎，十分繁华。传说刘伶曾慕名前来品高阳酒，并且死后葬于此地。

矮矮槐阴夏日浓：新店街道矮槐树村有一颗槐树，树身低矮，绿叶如茵，团团如盖。传说赵匡胤曾将战袍挂于此树，此后该树因挂过"龙袍"，不再长高。

秋入龙池月皎皎：龙池左右分别有一口水井，皓月悬空之夜，月影倒映在龙池之上，景色颇为优美。宋代赵明诚曾赞说"原泉混混，绿竹猗猗"。

春回牛山雨蒙蒙：讲的是春雨蒙蒙、云气蒸腾的牛山风光。每年农历三月三和九月九，牛山庙会远近闻名、热闹非凡。

古冢遗迹怀晏相：晏婴是一代名相，后人经常到他目前悼念他。关于晏婴冢，有晏婴灵魂仍庇护当地百姓的传说。

荒台故址吊桓公：桓公台是一座高台建筑的台址，相传是齐桓公登高远望、欢宴宾朋的地方，如今已绿草覆盖，灌木丛生。

淄江钓罢归来晚：淄水河畔，日落西山，人们钓鱼乐而忘返。清朝邓性曾作《淄江晚钓》："断岸潆洄碎石津，波光遥映月生春。于今偶见垂钓叟，回忆当年钓渭人。"

中华传统文化

西寺楼头听晓钟：从前，每日破晓时分，西天寺沉重浑厚的钟声响彻云霄。西天寺原名兴国寺，宋代更名广化寺，元代被毁，明处重建并更名西寺，又称西天寺。

解析

各地旧方志中多有八景及八景诗。据临淄县志记载，临淄也有八景，但明、清两代八景的内容不同。两代相同的，是龙池秋月、高阳酒馆、牛山春雨、矮槐夏荫、桓台旧址。其中对龙池秋月一景的地点，记述不同，一说淄河东岸的龙池；一说牛山脚下的天齐渊（温泉）。《临淄八景诗》一句一景，概括了每一景的特征风韵。辞句通俗流畅，朗朗上口，故此，八景诗深为大家所喜爱，而得以广泛流传。

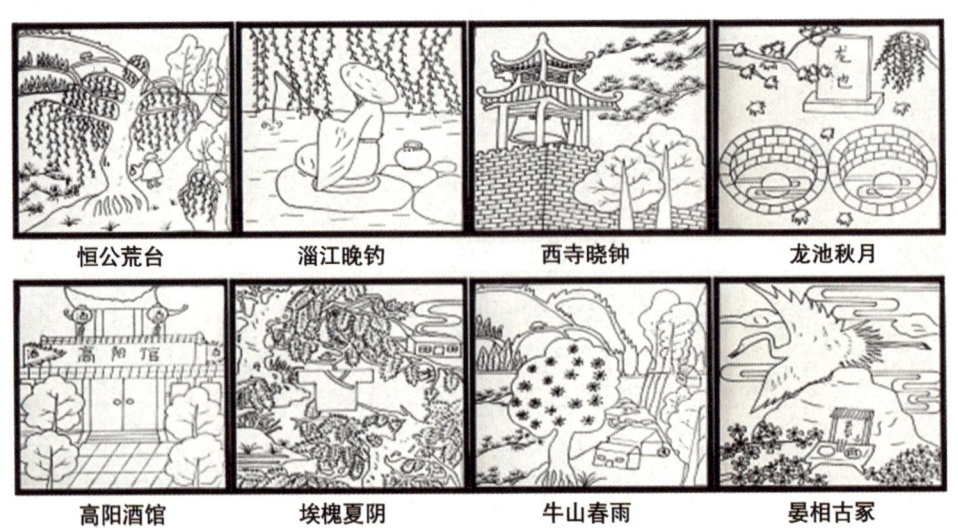

恒公荒台　　淄江晚钓　　西寺晓钟　　龙池秋月

高阳酒馆　　埃槐夏阴　　牛山春雨　　晏相古冢

走进齐文化 五

临淄新八景

古城道来千古事，蹴鞠踢去纪元开。

战车辚辚号角起，白骨猎猎鸣亦哀。

管仲祠里风云现，太公衣冠冢中埋。

更喜湖波千点绿，寻幽且上马莲台。

公泉峪里公泉水，海底石硪堆石海。

临淄八景中，听过或了解哪一景观，给同学们讲一讲。

走一走，找一找，看看你能找到几处古临淄八景所在地。

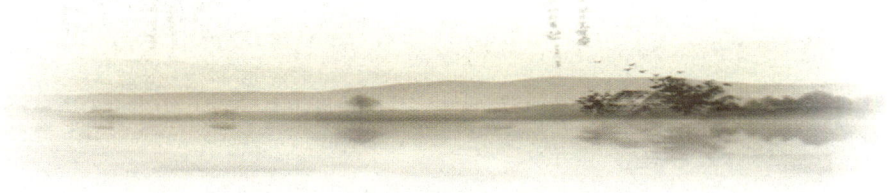

中华传统文化

第二单元　　典故传说

言简意赅的智慧结晶

据不完全统计，源于齐国故都临淄的成语典故逾千条，临淄堪称"成语之都"。"老马识途"、"讳疾忌医"、"一鸣惊人"、"狡兔三窟"等67个成语典故已申报为省级非物质文化遗产。这些成语典故是齐文化的重要载体，不仅语言简洁优美，而且内涵深刻丰富，处处闪烁着睿智的光芒。

走进齐文化 五

秉笔直书

春秋时期，齐庄公与大臣崔杼结怨，还把崔杼的帽子赐给别人，崔杼知道后，非常愤恨，便设计杀死了庄公。

崔杼要太史不要记录自己的罪行，齐太史不听，如实记下"崔杼弑其君"这一大逆不道的史实，崔杼大怒，将其杀死。

当时的吏官实行世袭制，太史死了，由他的弟弟继承职务，史官的两个弟弟不顾崔杼威胁，还是如实记下"崔杼弑其君"，崔杼又接连杀死太史的两个弟弟。

太史的第三个弟弟继承了太史职务，义无反顾地在史书上记下"崔杼弑其君"，崔杼还想杀死太史的三弟，但是，慑于他们的正义精神与英勇气魄，

崔杼只好作罢。

齐国的另一个史官南史氏听说太史兄弟皆被杀害，抱着竹简急匆匆赶来，要前赴后继，接替太史兄弟将崔杼的罪状载入史册，见太史三弟已经据实记载，才放心返回。

日积月累

1. 秉笔直书：指写文章不隐瞒、不夸大，真实的反映情况。出自《左传襄(xiāng)公二十五年》。

2. 太史是春秋时期掌管起草文书、记载史实，编写吏书等事务的官员（"太"通"大"，所以"太史"又称"大史"）。

故事链接

齐国历史上，像齐太史这样维护国家尊严的故事很多。"狐媛哭国"的故事也广泛流传于民间。战国时期，齐闵王独断专行，穷兵黩武，国内百姓和邻国都怨恨他，齐国到了亡国的边缘，但是大臣们都不敢进谏。

这时，一个叫狐媛的老臣，冒死去劝说齐闵王，诉之以利害，劝齐王改正错误。齐王不但不接受狐媛的忠告，还把狐媛赶出宫廷。狐媛看到这

走进齐文化 五

样下去,齐国将要灭亡,悲痛不已,为国家将要到来的灾难哭了三天。齐闵王下令把狐援杀掉。执法官在城东门外摆下刑具,但不愿杀狐援,希望他马上逃走,离开这里。狐援却风尘仆仆地奔向东门。法官说:"按法律,哭国罪应当杀头,还不赶快离开这里?"狐援说:"我狐援不是愿意死,是齐王不听劝告,国家都面临灭亡了,我活着也没有有什么用处了。"于是,狐援被斩首在东门外。

"秉笔直书"成语故事里面涉及哪些人物?

1. 太史的职责是什么?

2. "秉笔直书"是什么意思?体现了几位太史的什么精神?

中华传统文化

第5课　狡兔三窟

齐国相国孟尝君门下，有个名叫冯谖（xuān）的食客。一次，他奉命到孟尝君的封地薛去收债。临行时，他问孟尝君收完债买些什么回来。孟尝君说家里缺什么就买什么。冯谖到薛地后，假借孟尝君的命令，将债契全都烧了。借债的百姓对孟尝君感激涕零，齐呼万岁。

冯谖回来后，孟尝君问他债收齐了没有，买了些什么回来。冯谖回答说，他见相国家什么都不缺，就缺一个义字，因此以相国的名义将债契全烧了，把"义"买了回来。孟尝君听了虽然不太高兴，但也无可奈何。

一年后，孟尝君相国的职务被齐王免除，只好回到薛地去。离薛地还有100多里路，百姓就前来迎接。孟尝君这才看到了冯谖给他买的"义"的珍贵，非常感谢冯谖。

走进齐文化 五

但冯谖对他说:"狡猾的兔子有三个洞穴,如今您只有一个洞穴,还不能安枕无忧。请允许我再为您凿两个洞穴。"于是,孟尝君便听从冯谖的建议,让他带着车马黄金到魏国去游说。冯谖说服了魏王,魏王准备聘请孟尝君做魏相。

冯谖又赶在魏国使臣之前回到薛地,告诫孟尝君不要接受聘请。魏国使者如此往返三次,孟尝君还是拒绝接受聘请。齐王得知这个消息,担心孟尝君到魏国任职,于是赶紧恢复了孟尝君相国的职位,并向他谢罪。这样,冯谖为他凿成了第二个窟。

之后,冯谖又建议孟尝君向齐王请求赐给自己先王的祭器,在薛地建造宗庙供奉。这样一来,齐王就会派兵来保护,使薛地不受他国侵袭。齐王答应了这个请求。等到宗庙建成,冯谖对孟尝君说:"三窟已成,现在您可以高枕无忧了。"

中华传统文化

日积月累

1. 狡兔三窟：出自《战国策·齐策四》。冯谖（xuān）对孟尝君说："狡兔有三窟，仅得免其死耳。今君仅有一窟，未得高枕而卧也，请为君复凿二窟。"意思是狡猾的兔子有三个藏身的窝。比喻藏身的地方多，或有多种策略，以便于躲避灾祸。

2. 冯谖（xuān），战国时齐国人，是薛国（今山东省滕州市官桥镇）国君孟尝君门下的食客之一，为战国时期一位高瞻远瞩、颇具深远眼光的战略家。

分享交流

"狡兔三窟"成语故事里面的冯谖为孟尝君做了哪几件事？

拓展活动

1. 查阅相关资料，说说冯谖是个怎样的人？

2. "狡兔三窟"是什么意思？体现了冯谖的什么精神？

第6课　视死如归

春秋时期,有个北郭骚的读书人,他是个大孝子。很想让那个自己的母亲生活得好点。可是,尽管他起早贪黑地劳作,挣来的钱还是不够养家。

于是,他就到相国晏婴的家里去借粮食。晏婴听说北郭骚是个孝子,就派人把一些粮食和金钱拿去送给他。北郭骚谢绝金钱,只留下粮食。

不久,晏婴被国君猜忌,无法在齐国生活下去,准备要逃到国外。北郭骚听说此事,就穿戴整齐,拿着宝剑,来到朝堂,对负责通禀的官吏说:"晏婴是个好官,齐国不能没有他,我愿意献出我的人头来洗清晏婴的冤屈。"

齐国国君听说了这件事,大为震惊,知道自己错怪了晏婴,又怕晏婴走了,百姓不服,别的诸侯趁机来侵犯,感到又惭愧又害怕。

中华传统文化

国君马上吩咐人备车,亲自乘车去追赶晏婴,他的马车一路狂奔,终于在离国都一百里左右的地方追上了晏婴。国军下车请求晏婴回去,晏婴又随国君回到了都城临淄。听说北郭骚用死来为自己洗清冤屈,晏婴非常感动。

日积月累

1. 视死如归:视,看待。归,回家。意思是把死看得像回家一样轻松。多指为了正义事业,不怕牺牲性命。出自《吕氏春秋·士节》。

2. 北郭骚:北郭,姓;骚,名。春秋时齐国的隐士,靠制作捕兽网、编草鞋来维持生计。

故事链接

推己及人

春秋时期,有一年冬天,齐国一连下了三天大雪,天仍然没晴。齐景公穿着狐皮大衣,坐在殿堂台阶上。晏子来求见,齐景公对晏子说:"真奇怪,大雪下了三日了,天却不冷。"晏子反问说:"天真的不冷

走进齐文化 五

吗?"齐景公大笑起来。晏子又说:"臣听说过去的贤君自己吃饱了,能想到有些人还在挨饿;自己穿暖和了能想着有些人还受冻;自己安逸能想到老百姓的辛劳。现在您不知道这些。"齐景公听了晏子的话,明白了晏子的意思,说:"您说得对,寡人就照您的意思办。"于是齐景公命人把仓库里的衣服和粮食发放给了那些没有棉衣穿和没有粮食吃的贫苦老百姓。

"推己及人"这个成语源于《晏子春秋·内篇谏上》中的这个故事。意思是从自己推想到别人。指要体谅别人,设身处地为别人着想。

"视死如归"成语故事里面涉及哪些人物?你想对北郭骚说些什么?

古今中外,像上面故事的中讲到的历史英雄人物一样的人物有很多,你还知道其他类似的故事吗?

中华传统文化

 矮槐树的传说

辛店街道的矮槐树村原先不叫矮槐树村，因为齐宣王曾经在这里居住过，所以叫宣王店。那么，后来为什么改名叫矮槐树村了呢？这里有一个传说。

宋朝初期，赵匡胤刚做了皇帝，局势不稳，许多地方发生了叛乱。赵匡胤多次派兵平叛，但都失败了。眼看叛军无恶不作，祸害百姓，越来越猖狂。没有办法，赵匡胤只好亲自带兵出征，与叛军决一死战。

赵匡胤和将士们一路行军，刚到达叛军的地界，就被早早得到消息、有所准备的叛军打了个措手不及。叛军一路追杀过来，他只好率领军队节节后退。由于连日长途跋涉，人困马乏，到了临淄境内的一个小村庄，再也走不动了。叛军此时也追得没有力气了，见一时追不上赵匡胤，也就暂时撤了回去。

走进齐文化　五

赵匡胤在随从的陪同下来到村边的小河旁，见河水清澈见底，就蹲下身子，用手捧起水来洗脸。结果水溅到了龙袍上，把龙袍弄湿了。他脱下龙袍随手挂在河边的一棵小槐树上，自己也在小树旁边的石头上躺了下来，不知不觉地就睡着了。

他一觉醒来，发现身上酷热全无，浑身清爽。向旁边一望，见小槐树和挂在上面的龙袍替他遮挡了阳光，让他睡了一个好觉。小槐树的叶子特别浓密，微风吹来，树叶发出欢快的声音，不由得龙颜大悦。他站起身来，派人从树上拿下龙袍，重新穿在身上，更觉得精神抖擞，多日以来的劳累和疲乏一扫而光。他很仔细地看了看这棵树，记下了它的样子，然后率军离开了此地。

后来，赵匡胤一举消灭了叛军，稳定了江山。他想起在临淄的经历，就派人采集这种树的种子，遍地种植。奇怪的是，所有种下的树都和他挂战袍的那棵槐树一样，虽然枝繁叶茂，姿态优美，却怎么也长不高。人们便传说这是龙袍压顶的缘故。

从此以后，人们给这种树起了个名字，叫"矮槐树"或"倒垂槐"，宣王店村也改名叫矮槐树村。

中华传统文化

知识链接

矮槐树——位于辛店街道办事处西4千米的矮槐树村，南近胶济铁路，东靠乌河源头，被列为"临淄八大景"之一。后来，村民在矮槐树旁修了凉亭，供行人休息赏景。许多文人名士常在此留诗抒情，立碑勒石。

矮槐树图片

分享交流

除了我们今天知道的矮槐树的传说，你还知道哪些齐文化传说故事呢？

拓展活动

寻一寻：亲自到辛店办事处的矮槐树村实地考察一下。

查一查：利用图书馆或网络搜寻有关齐文化的传说故事。

第三单元　　名人风采

　　临淄，作为古齐国的首都，在历史上曾经灿烂辉煌，无数的名人留下了光耀千秋的业绩，成为后世楷模。也有一些人，特别是一些女子，她们的名字甚至不被人知晓，她们的故事只是以别人的妻子、别人的继母这样的称呼来传扬，但是，她们却以其优秀的品质，给世人留下了光辉的一笔。

中华传统文化

第8课 杞梁妻

杞梁妻

杞梁妻是春秋时期齐国大夫杞梁的妻子。她敢于直面国君以维护自己丈夫的尊严，对爱情忠贞不渝，她知书达理、知礼重仪，是古代齐国女子中典型的贤妻。是中国四大民间传说之一"孟姜女哭长城"的原型。

据《左传·襄公二十三年》、刘向的《列女传》记载，杞梁是齐庄公时期的大夫。为人忠义，英勇善战，在一次袭击莒国的战斗中战死，齐人载杞梁尸体回临淄。杞梁妻哭迎丈夫的灵柩于郊外，悲痛欲绝。齐庄公派人吊唁。杞梁妻认为自己的丈夫有功于国，齐庄公派人在郊外吊唁。既缺乏诚意，又仓促草率，对烈士不够尊重，便回绝了齐庄公的郊外吊唁。后来，齐庄公亲自到杞梁家中吊唁，在十月初一这天，杞梁妻给丈夫穿上赶制的一身新棉衣装敛，并送丈夫的灵柩到临淄城外埋葬，她一路走一路哭，走到临淄城附近，仍然大哭不止，这时，城墙突然崩塌。孟姜女将丈夫埋葬以后，想到夫妻之间的恩爱，伤心欲绝，随投附近淄水自尽。

走进齐文化 五

这件事情让世人非常感慨,历代群众和文人墨客都不断加工和演绎。明代时,明政府大修长城,招致民怨沸腾,老百姓为了发泄对封建统治者的不满,改杞梁妻为"孟姜女",改杞梁为"万喜梁"(或范喜梁),加了诸如招亲、夫妻恩爱、千里送寒衣等情节,创造出全新的"孟姜女哭长城"传说。从开始的杞梁妻故事到最后的孟姜女传说,经历了2000多年。

日积月累

杞梁妻的故事发生在齐庄公时期,它是孟姜女哭长城故事的原型。

分享交流

杞梁妻为丈夫做棉衣、哭倒城墙的故事,还衍生出一个重要的民俗节日——寒衣节。因为杞梁妻为丈夫做棉衣发生在农历十月初一,所以,人们怕在冥间的祖先缺衣少穿,祭祀时除了食物、香烛、纸钱等一般供物外,还要焚烧用纸做成的寒衣。据说在这一天,冥界放大假,

中华传统文化

一些品行良好的鬼就可以来到人间,一方面探望亲人,另一方面顺便拿走自己冬天穿的衣服。至今俗谚仍说:"十月初一烧寒衣。"或曰:"十月一,送寒衣。"除此之外,妇女们要在这一天亲手缝制寒衣,送给远方的亲人。这一天,同样也是为逝去的父母或长辈及亲人合葬、迁坟、祭奠等的日子,俗称"十月一",又叫"腊冥阴节""送寒衣""烧衣节""祭祖节""冬祭""迁坟节"等。这一节日与清明节、中元节(即七月十五)并称为中国民俗节日中的三大"鬼节"。

 拓展活动

你还知道哪些中国古代贤妻?查找资料,了解一下。

第9课　钟离春

钟离春是中国有名的"四大丑女"之一，是战国时齐无盐邑（今东平县无盐）之女，齐宣王的王后，也是历史有文字记载以来著名的中国第一位女政治家。

齐宣王即位后，重用田忌和孙膑，整顿国政，齐国声威大振。齐宣王仗着国势强盛，开始沉迷酒色，又在城里建筑雪宫进行宴会娱乐，还开辟了郊外四十里作为苑囿狩猎。于是忠臣心离，齐国走向衰败。钟离春知道这些事后，心急如焚，她担心自己国家的安危。她为了拯救国家，冒着杀头的危险去面见齐宣王。

一天，齐宣王在雪宫大摆宴席，钟离春来到宫门外，说有事要面见齐王。她说："我是齐地无盐人，叫钟离春，听说大王因为游玩宴会离开皇宫，特来求见。"守门卫士于是奏知宣王，被招进去。群臣侍宴者见她丑陋，都掩口而笑。宣王问："你样貌丑陋连同乡的人都不愿意看见你，你却以一个老百姓的身份来干预君王的大事，难道你有特殊才能吗？"

钟离春说："我没有奇能，但有隐语术，我演示给大王看。"

中华传统文化

钟离春瞪大眼睛，张大嘴巴，手搭凉棚，四下里看了看，然后挥挥手又拍着膝盖，大声说："危险啊，危险啊！"宣王和群臣都不明白什么意思。

钟离春说："我这举目，是替大王观察风云的变化；张口，是惩罚大王那双不听劝谏的耳朵；挥手，是替大王赶走阿谀之徒；拍腿，是要拆除大王这专供游乐的雪宫。而今大王沉湎酒色，不纳忠言，这是我张口为大王接受规劝的意思；敌人就要大兵压境了，您还被一群吹牛拍马之徒包围着，这是要误国的，因此我挥手将他们驱逐掉；大王耗费大量财力、物力、人力建成如此豪华的宫殿，弄得国库空虚，民不聊生，今后怎能迎战秦兵呢？我这才手拍大腿让大王拆除这座亡国的雪宫，说实话，大王确实犯了这四大错误。在这国家危如累卵的时候，我冒着杀头的危险来劝告大王，如能采纳我的意见，民女就是死也无憾了！"

丑女这一番振聋发聩的剖析，使齐宣王如梦初醒，大为感动，说："如果你不及时来到这里提醒我，我哪会知道自己的过错啊！"

走进齐文化 五

他把钟离春看成是自己的一面宝镜。为了表明自己痛改前非，他让钟离春做了皇后。

日积月累

人们常用"貌似无盐"来形容丑女，这"无盐"指的是战国时代齐国无盐县（今山东东平县东部）的丑女钟离春。书上说她"四十未嫁"，"极丑无双"，"凹头深目，长肚大节，昂鼻结喉，肥顶少发"，而且"皮肤烤漆"。她额头中间和双眼都下凹，驼峰鼻，头发少，大饼脸，骨架粗壮，而且还有喉结，皮肤黑红，好大年纪一直没人追求她。但她武艺高强，天生聪慧，才智过人，是位很有才干的女政治家。齐宣王对她的奇才高艺佩服得五体投地，立她为皇后。在她的辅佐下，齐宣王从此罢宴乐，除佞臣，强兵马，强国库，使齐国强盛一时。

分享交流

据《烈女传》载，孤逐女是齐国即墨人，因为她是孤儿，年龄很大了还嫁不出去。曾被乡里三番五次地驱逐出去，所以叫她孤逐女。她听说齐襄王对宰相田单不尊重，就寻找机会劝说襄王。

这天，孤逐女听说齐国宰相田单的夫人死了，就来到齐王的门口，说让大王做媒，接续相国妻室。齐王听了，觉得这女子很特殊，就召见了她。

中华传统文化

孤逐女开口就问齐王："大王知道国家的柱子是什么吗？"大王回答说："不知道。"孤独女解释说："柱子是宰相。柱子不正栋梁就会歪，栋梁歪了椽子就会掉下来，屋子就会倒塌。大王好比栋梁，百姓好比椽子，国家好比屋子，屋子坚固与不坚固，关键在于柱子。国家安定与不安定，关键是宰相。齐王说："那你认为我的宰相怎么样？"孤逐女回答说："里外比较看看就知道怎么样了。就是外面看看他对大臣们是不是清楚了解，里面看看他是不是尊重妻子。"齐王又问："你认为我可不可以更换他？"孤逐女说："要是有更好的，更换当然可以，却现在还没有。我听说贤明的大王使用人才，就要用而不疑。楚国任用虞邱而得到了贤才孙叔敖；燕国起用郭隗而得到了良将乐毅。过去，齐桓公尊重会九九算术的人，那些有学问的人就都来归附他。越王敬重螳螂的愤怒，而勇士愿意为他牺牲。叶公好龙，而龙为他从天上下来。这些事物的应验，都不会太久。"齐王说："好！"

从此，齐王很尊重相国田单，并介绍孤逐女给相国做了夫人。不久，四方有才能的人都来投奔齐国，因此国家得到了治理。

拓展活动

把今天知道的两个敢于直谏的齐女的故事和家人分享一下吧。

走进齐文化 五

第10课　太史君

太史君是齐国莒邑人。她的父亲太史敫曾做过齐国史官，从而养成了刚直惟礼的性格，因不满齐王暴虐、拒谏，辞官退隐山林。太史君是他的独生女儿，爱如掌上明珠，自幼教她经史棋琴，乡里多以才女传颂；夫人又教她女红，更使她成为了一个巧手女孩。

燕军攻破齐都临淄后，齐国的世子法章逃了出来，化名到太史的后花园做了个管园工，聪明的太史君识破了法章的真实身份，之后，为便于联系外界，帮助法章复国，太史君不仅要经常外出，还常常在夜晚到法章房内筹谋划策。可是在当时社会，一个女子私下在晚上到男子的房间是有违礼法的。

太史敫是一个十分重礼法的人，知道太史君经常到法章房间后非常愤怒，要按家规处死太史君。法章于是表明身份，对太史敫说："小姐的恩情，法章永世不忘，事情是因我法章而起的，请太史老爷开恩。"

众人也跟着劝说太史饶过太史君，说："小姐与幼主法章来往，是为了助他完成复齐大业，现在用小姐谋略，扩建莒军，国家正在用人之时，老爷看在复齐大业的份上，就宽恕了小姐吧！"

众人提到复国需要太史君，太史敫也不好再坚持处死她了，无奈何地叹口气说："也罢！免她一死，逐出家门，永不相见。"太

中华传统文化

史敫话一出口,众人心中一块石头落了地,夫人急忙为女儿收拾些衣物银钱,让她随法章出门去了。

太史君离家后帮助法章在田单的辅佐下,一举消灭燕军,恢复了齐国。大齐复国以后,新王法章要返回临淄。临行前,君王后对法章说:"虽然我父亲绝情,但是做女儿的不可不孝,我要回家一趟,向父母告别一声。"法章即安排銮驾,让君王后回家看望父母。太史夫人听说女儿要来省亲,不由心花怒放,没想到太史敫断喝一声道:"不准开门。"君王后来到门前,叫门不开,母女二人只能隔着门流泪无言,最后,君王后说:"父亲崇尚礼仪,女儿也不敢违抗,我进入临淄后,一定天天焚香,求上天保佑二位老人家幸福安康。"说完,含着眼泪恋恋不舍地离开了。

君王后随新王法章进入临淄,为了尽快复兴齐国,提议封田单为相,恢复稷下学宫,广招贤士,发展经济,国力很快恢复。法章去世后,君王后又辅佐世子建即位。当时秦国势力强大,纵横天下,君王后帮助王建谨慎与秦交好,诚信结交邻邦,从而使齐国保持了一段相对稳定的日子,史称齐国40年不受刀兵。

日积月累

向大家讲一讲太史君的故事吧。

走进齐文化　五

故事链接

王后"巧"解玉连环

太史君辅佐齐王建即位之后，因年幼，其母王后辅政。有一次，秦国派使者送来一串"玉连环"，对王后说："贵国有很多足智多谋的人，不知能否解开这个'玉连环'？"许多大臣围上来观看，都不知如何解开。再说，"玉连环"是一种智趣性玩艺，一串珠宝石缠在一起，要想解开它，不但需要智慧，而且需要耐心。就是知道解法，也需费一番工夫，如果不知解法，则一时难以解开。王后一看心里就明白，解"玉连环"是假，借此向齐国君臣显示一下威风，羞辱一下齐国君臣是真。这时，王后不慌不忙，拿起一块铁锤，砰的一声，把"玉连环"砸得粉碎，然后笑着告诉秦使说："好啦，解开了！"秦使一看不但目的没达到，还遭到了坚决反击，令秦使不知所措。此后，秦国不敢小看齐国。

这个故事源于《史记》。典故"王后'巧'解玉连环"喻作处事果断、斗志坚强。

分享交流

你对坚持己见的太史君有何看法？

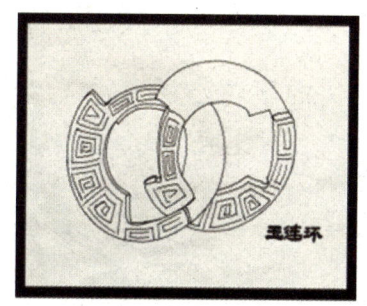

中华传统文化

第11课　田稷母

田稷母是战国中期齐宣王相国田稷子的母亲。她勤劳、善良、节俭，教子有方，知礼尚德，是古代齐国女子中典型的良母。

据《列女传》载，田稷是齐国的相国。他曾接受下属官吏贿赂的百镒黄金，把它送给母亲。母亲说："你出任相国已经有三年了，但俸禄都不曾有这么多，何况一般官员的俸禄呢！这些是从哪里得来的？"

田稷面对母亲，只好如实回答说："确实是收受下属的馈赠得来的。"

母亲说："我听说士大夫要修身洁行，不能随便收受人家的东西。诚心诚意地做事，不弄虚作假。不符合道义的事情，不在心里盘算。不合理的利益，不带回家里。如果言行一致，就会表里如一。如今，圣上用高官厚待你，用厚禄供奉你，你的一言一行就应该报答圣上。臣子辅佐圣上，就像儿子孝敬父亲。尽心竭力，忠诚不二，效忠圣上，恪守使命，廉洁公正，因而就不

会有祸患。如今，你却与此相反，远离了忠诚啊！作为臣子不忠，就是作为儿子不孝。不义的财物，不是我应该拥有的，不孝顺的儿子，不是我的儿子。你起来吧。"

田稷羞愧地走出家门，退还了财物，主动向齐宣王认罪，请求处罚自己。齐宣王听后，对他母亲的深明大义大加赞赏，于是免除了田稷的罪责，恢复了他的相国的职位，并且拿出钱财奖赏给田稷的母亲。

故事链接

弦章辞鱼

齐国历史上，为官不贪的人很多。弦章是晏子后的齐国宰相。据《晏子春秋》载，晏子死后十七年，齐景公设宴款待大臣。席间，景公射箭以显示自己箭法，却箭未中靶。众大臣赞声一片："主公好箭法！"景公生气地丢下弓。

这时弦章正走进来。景公问弦章说："自从晏子去世后，我从来没有听到有人说我有不对的地方了。"弦章回答说："君主喜欢穿着，臣子就跟着讲究服饰；君主喜欢宴乐，臣子就跟着讲究烹调。上面喜欢什么，下面必然爱好什么。"景公说："好，我今后不再听阿谀奉承的人的话了。"于是，赏赐了弦章五十车鲜鱼。

中华传统文化

弦章回家时，看到装鱼的车子正往他家走，就对车夫说："过去晏子辞谢赏赐是用来匡正国君，所以不掩盖国君的错误。现在所有臣子都用阿谀奉承追求私利，我如果接受了鱼，就是违背了晏子的行为准则，自己就和阿谀奉承的人一样了。"于是坚决辞谢了景公赏赐的鱼。

后人评价说："弦章的廉洁，是晏子遗留下来的德行啊！"

分享交流

讲一讲田稷母的故事。

拓展活动

田稷子把下属送的金子转交给母亲，可谓对母亲孝敬得很，可是田稷子的母亲却把儿子狠狠地训斥一番，教化儿子不义之财不可取，并告诫儿子做官要廉洁奉公，行为高洁，不贪图个人私利，不取不义之财，言行要一致，要诚实守信。田稷母的这种做法对今天的父母来说仍然是可取的。故事教育我们要洁身自好，珍惜自己的道德品质的形成过程，珍惜自己的人生经历，使之不受玷污。在思想上坚守自己高尚的道德信念，在行动上按原则办事，做一个清清白白的人。

走进齐文化 五

第12课　义继母

义继母是战国时期齐国两个孩子的母亲，她心胸豁达，贤淑重义，忠贞守节，"义继母"是齐国国君赐给他的封号。

据《烈女传·卷之五·节义传》载，齐宣王时期有一命案，有人在路上被殴打致死。官吏查案时，有兄弟二人争相认罪受罚，结果命案成了悬案。官吏只得将情况报告给齐宣王，齐宣王说："知子莫若母，做母亲的最了解儿子的善恶品行，可先征询其母亲的意见，然后再定罪判决。"

于是，齐相将两人的母亲传至大堂说："你儿子打死了人，兄弟二人却争相抵罪去死，官吏也无法做出判决，大王仁义恩惠，让你回答由哪一个来抵命合适？"母亲听后大哭不止，然后哀求说："就杀掉我的小儿子吧。"齐相点头表示认可，但接着又问："天下父母无不偏爱小儿，而你却提出要杀掉小儿子，为什么呢？"母亲说："小儿子是由我所生，大儿子却是我丈夫前妻所生，丈夫临终之前指着大儿子对我说：'这孩子命

苦，其母去世早，今后就委托你抚养他成人。'我答应了丈夫的临终遗愿。我深知人应言而有信，既然许诺了人家，就要信守诺言。况且让哥哥去死，留着弟弟活着，这是用私爱来废弃公义，违背誓言，不守信用，丈夫九泉之下也不会得到安生。"母亲痛哭流涕，继续说："死去亲生儿子固然悲痛，但我可以竭尽全力培养好大儿子，教育他知义守信，这难道还有错误吗？我曾经常教导小儿子要好好照顾哥哥，不要与哥哥为难，看到他们兄弟互帮互助，我就高兴不已；如果小儿子在九泉有知，也会理解做母亲的选择，做哥哥的也会明白，今后应当怎样去更好地为人，去做事……"说着她泪如泉涌，泣不成声。齐相立即入宫，向宣王做了汇报，齐宣王听后，也对这位母亲的品行大加赞赏，说："我从未见过有如此重义守信的母亲，这实在是我们齐国的荣辉啊！我们国家能有如此义母，是国家之幸，社稷之幸啊！传孤王旨意，赦免两个孩子之罪，赐其母'义继母'尊号，让全国人都学习她。"后来，两个孩子在义继母的教诲下奋发图强，长大后报效齐国。

走进齐文化 五

义继母是所有母亲的楷模,为天下女性树立了一面光辉夺目的旗帜,是齐国人的骄傲,是所有女性的骄傲。

故事链接

弓人之妻

弓人之妻的故事发生在齐国国君齐景公身上。《韩诗外传》载,齐景公叫人做弓,三年才做成。景公拿着弓射箭,射不穿铠甲的三层铁片,大怒,要杀做弓的人。

弓人的妻子去见景公说:"这张弓,用的是泰山向阳坡上的桑柘木,骍牛的角,楚国麋的筋,黄河里的鱼皮熬制的胶做成的。这些材料都是从天下精选出来的,用这种材料不可能射不穿三层铠甲片。我听说再好的车子也不会自己跑,再好的剑也不能自个儿砍断东西,必须有人会使用它。比如射箭的方法,手要像攀着树枝,手掌要像握着鸡蛋,四根指头像短棍,右手射出,左手毫无感觉。这就是射箭的方法。"景公用这些方法又去射箭,结果射穿了七层铠甲片。

分享交流

讲一讲优秀母亲教育孩子的故事。

中华传统文化

第13课　　　　缇　萦

缇萦是齐国历史上著名医学家淳于意的小女儿,他聪明伶俐,知书达理,做事果敢,他上书救父,不但救了父亲,还使汉文帝废除了肉刑,他是齐国年轻女子的典型代表,缇萦救父的故事是人们推崇的"二十四孝"中的其中一孝。

淳于意是古代齐国著名医学家,医术精湛,给人治病,能预决病人生死,病人一旦用了他的药,没有不立即痊愈的,因此远近闻名。齐侍御史成曾经自称头痛,淳于意为他诊脉,诊断为疽症,说他的病因是发于肠胃之间,是贪酒所导致的,五天后应该肿胀,八天后便吐脓而死。果然,病人在第八天因呕脓而死。

由于求医的人很多,而淳于意又经常不在家中,所以,看病的人常常很失望。天长日久,求医的人开始对他不满。由于他能预知病人的生死,有的病人无药可医,病人就责怪他不肯医治,以致病人死亡。怨气积久了,终于酿成了大祸。汉文帝十三年,有权势的

走进齐文化 五

人告发他，说他借给人看病欺负人，轻视生命。地方官吏判他有罪，要处仓公肉刑，当时的肉刑有的往脸上刺字，有的割去鼻子，有的砍去左足或右足等。按西汉初年的律令，凡做过官的人受肉刑必须押送到京城长安去执行。因此，仓公将被押送到长安受刑。

淳于意没有儿子，只有五个女儿，临行时都去送父亲。淳于意看着五个女儿，叹口气说："生女儿不生儿子，遇到急事，没有一个能帮上忙的。"听完父亲的哀叹，十五岁的小女儿缇萦决定随父进京，一路照顾父亲的生活起居。临淄相距长安两千余里，一路上父女俩风餐露宿，尝尽人间辛酸。好不容易到了长安，仓公被押入狱中。为了营救父亲，缇萦斗胆上书汉文帝为父求情，请求做奴婢替父赎罪。

汉文帝看了信，十分同情这个小姑娘，又觉得她说得有道理，就召集大臣们，对大臣说："犯了罪该受罚，这是没有话说的。可是受了罚，也该让他重新做人才是。现在惩办一个犯人，在他脸上刺字或者毁坏他的肢体，这样的刑罚怎么能劝人为善呢。你们商量一个代替肉刑的办法吧！"

中华传统文化

大臣们一商议，拟定一个办法，把肉刑改用打板子。原来判砍去脚的，改为打五百板子；原来判割鼻子的，改为打三百板子。汉文帝随即正式下令废除肉刑。这样，缇萦就救了她的父亲。

缇萦上书救父的孝行，万古流芳，成为后世孝道的典型。

故事链接

缇萦上书救父是孝行的一种，在齐国历史上，巨孝江革的行为也被世人称颂。江革是东汉初临淄人，字次翁，父早逝。王莽篡政，为避战乱，江革背母弃家南逃，途中屡遇叛军虏他入伙，他宁死不肯。后至下邳（今江苏睢宁境内），身无分文，以典身做活，挣得微薄佣钱来养活母亲。

光武帝平乱后，他背母长途跋涉返回家乡临淄，殷勤侍母。母每有事外出，他不用牛马拉车，而是自己拉着车，缓步而行，为的是使车子平稳，老母坐得舒服……汉光武帝、汉明帝、汉章帝三帝均对他十分敬重，曾被朝廷拜为谏议大夫，终以母亲年高需侍奉而辞绝。世人称他为"江巨孝"。

走进齐文化　五

分享交流

和同学交流一下,谈谈对缇萦救父的看法。

拓展活动

你还知道哪些中国古代"二十四孝"故事?查找资料,了解一下。

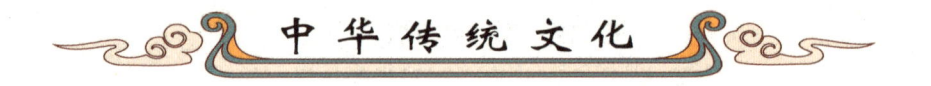

第四单元　　经典名著

千百年来，勤劳聪慧的齐人，在海岱这块神奇的大地上创造了丰富灿烂的齐文化。科学技术就是其中重要的组成部分。它作为齐文化园地里的一朵奇葩，兴起早、门类多、成果大、影响远。其中，融会齐人智慧结晶的《考工记》《甘石星经》《诊籍》《齐民要术》等科技著作，历代传承，闻名中外，是前人留给我们的一份宝贵的文化遗产，至今仍闪烁着夺目的光彩。

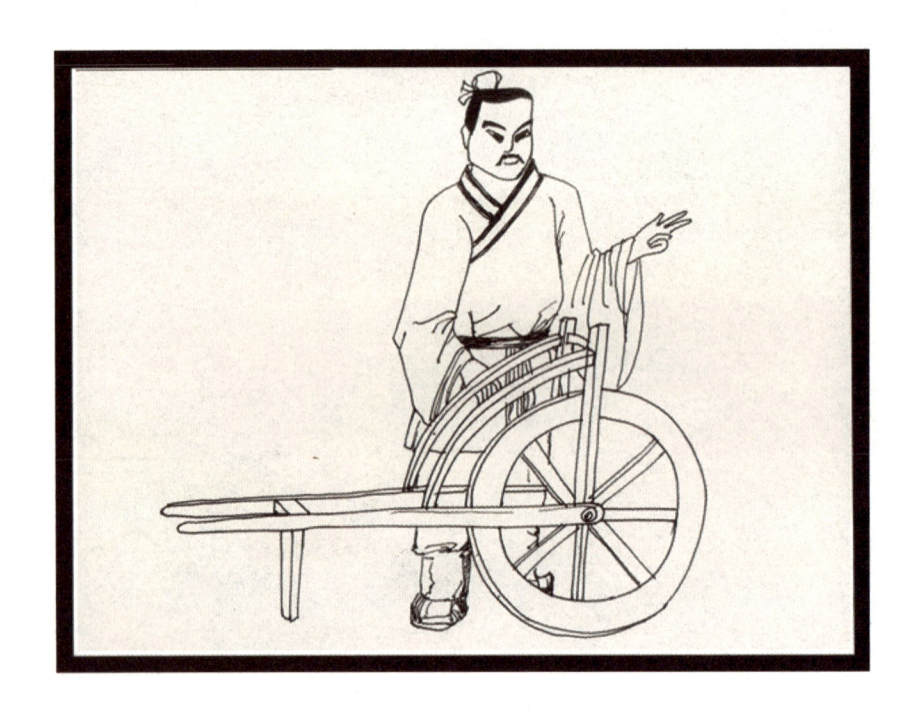

走进齐文化 五

第14课 考工记

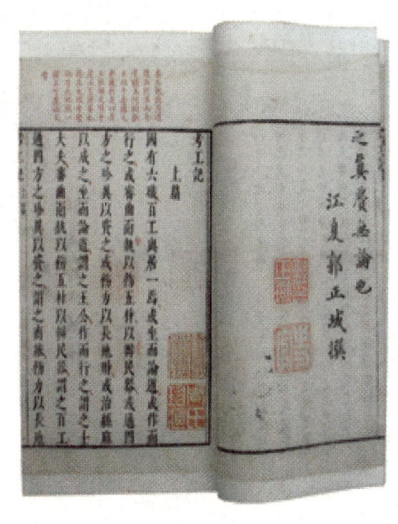

《考工记》是一部记录当时齐国政府制定的关于指导、监督、考核官方手工业、工匠及奴隶生产工作制度，具有"齐国官书"性质的手工业技术与工艺典籍，经齐国人之手完成，约成书于春秋末、战国初。《考工记》内容丰富、信息量大，是我国最早的手工业科技巨著，对研究我国古代科学技术价值极大。

《考工记》明万历44年闵氏套印本

全书分上下两卷。上卷分五章：《总论》《攻木之工》《攻金之工》《攻皮之工》《设色之工》。下卷分三章：《刮摩之工》《抟埴之工》《攻木之工》。

《考工记》比较详细真实地记载了齐国手工业生产内部的分工、主要产品的设计制造标准及产品的检验等情况。《考工记》还对每项分工所负责制造的器物的总体技术要求、标准尺寸等都作了记述。比如，车辆的制造，需要多种部门的协作，《考工记》从车

47

中华传统文化

的规格要求、材料选用、每个零部件的制造工艺,到成品车的检验与使用,皆记述详细。这种官府手工业生产专门化、内部分工越来越细密的倾向,是齐国手工业发展的必然结果。

《考工记》蕴含着丰富的科技思想,这些思想既有来自工匠长期实践经验的总结,也有先秦哲学、数学、物理、化学等观念对手工业技术的深刻影响。

知识链接

《考工记》的学术价值:1. 该书概括地提出了制造精工产品的四大要素,即"天有时,地有气,材有美,工有巧,合此四者然后为良"。2. 总结出一套合理的设计系统。3. 记述了一些具体的制作工艺过程。4. 记述了各种制作工艺技术,积累了大量的科技资料。5. 对器物制作规定有严格的检验制度或标准,体现出很强的质量管理意识。比如,以车轮的成品检验来作分析:车轮是古代木车的核心部件,质量的好坏至关重要,检验要求严格,车轮质量要经表观和定量两类检验。表观检验是凭借工匠的视觉感官从外表对车轮进行评判,检验时有一个从整体到部分、由远及近的顺序、步骤。先检查车轮整体:远处观察、轮圈转动应均致地触地;近处观察,轮子着地面积应很微小。再检查车轮各部分:对轮辐,远处看轮辐应像手臂那样由粗渐细;内外观察,轮辐应光滑匀称。对轮毂，远处观察，轮毂应匀整光洁；近处观察，裹革处应隐起棱角。经这般程序的表观检验，可想而知车轮的做工何等精细。

车轮制作复原场景　齐都临淄手工业作坊复原场景

拓展活动

　　齐国的手工业包括30项专门的生产部门，木工、金属工、皮革工、上色工、刮磨工、陶工等，大部门又分若干的小部门，若干的小部门又各有其特定的名称和范围。如"攻木之工"，专门负责与"木"有关的车辆、弓箭、农具及生活用品等。

中华传统文化

第15课　《甘石星经》

《甘石星经》是战国时期出现的一部天文学著作。作者为当时的齐国人甘德和魏国人石申。甘德著有《天文星占》八卷，石申著有《天文》八卷，两书合称《甘石星经》。

《甘石星经》是世界上现存最早的天文学著作。书中记录了水、木、金、火、土五大行星的运行情况，以及它们的出没规律。书中还记录了800个恒星的名字，有121个的位置现在已经被测定。甘德还用肉眼发现了木星的卫星，比意大利天文学家伽利略在1609年用天文望远镜发现该星早2000多年。石申则发现日月食是天体相互遮挡的现象，这在当时也是难能可贵的。为了纪念石申，月球上有一座环形山就是用他的名字命名的。甘德和石申都发现了火星和金星的逆行现象。他们把行星从顺行到逆行再到顺

走进齐文化 五

行的视运动轨迹十分形象地描述为"巳"字形。

甘德还建立了行星会合周期的概念，并且测得了木星、金星和水星的比较准确的会合周期值，其中木星的会合周期为400日，比真值398.9日只差1.1日。他还指出木星和水星在一个会合周期内见伏(不见)的日数，以及金星在一个会合周内顺行逆行和伏的日数，而且指出在不同的会合周期中这些日数可能在一定幅度内变化的现象。虽然甘德的这些描述从定量的角度看还比较粗疏，但却为后世传统的行星位置计算法奠定了坚实的基石。

后世许多天文学家在测量日、月、行星的位置和运动时，都要用到《甘石星经》中的数据。因此，《甘石星经》在中国和世界天文学史上都占有重要地位。

知识链接

木星在太阳系的八大行星中体积和质量最大，质量是地球的317.89倍，而体积则是地球的1316倍。木星还是太阳系中自转最快的行星，自转一周只需要9小时50分30秒，所以木星并不是正球形的，而是两极扁、赤道鼓的三轴不等椭球体，扁平显著。木星是天空中第四亮的星星，仅次于太阳、月球和金星，因为木星体积巨大，反射太阳光的能力也强。

中华传统文化

拓展活动

火星上的夕阳呈蓝色,你知道为什么吗?上网了解一下吧。

走进齐文化 五

第16课　《诊　籍》

《诊籍》的作者为西汉临淄人，著名医学家淳于意。曾经做过管理齐国仓库的小官，故人们尊称他为"仓公"。他勤奋好学，医术精湛，行医济世，传医授艺，名闻古今。他把平时总结、积累的一些病案装订成册，起名叫作《诊籍》。《诊籍》是中国历史上最早的医案典范，开创了中国医学临床病案记录之先河，对研究古代医术、探讨医史、启迪后世等方面都有着不可忽视的重要价值。

《诊籍》内容详尽全面，包括了患者姓名、年龄、性别、职业、籍贯、病状、病名、诊断、病因、治疗、疗效、预后，等等，是医学研究中颇有参考价值的珍贵资料。但由于淳于意创作《诊籍》的初衷是便于自己备忘、参考，再加上年代久远，所以其原作并没能流传下来，现在我们所看到的是出自《史记》的记载。

中华传统文化

《诊籍》所载的治疗方法有针灸、药物、食疗等，涉及的方药有下气汤、火齐（剂）汤、苦参汤、莨（làng）菪（dàng）药、消石、芫花、米汁、药酒、柔汤、窜药、丸药、半夏丸等，尽管有些方药的记载不具体，但法理自通，且有创新。淳于意更注重日常的养生，主张生命在于运动，要多活动以保持血脉、筋骨、肌肉的协调。

知识链接

《诊籍》的学术价值主要有三点：第一，重脉诊，亦不忘四诊并用，其诊法多有发挥。第二，承先启后，继承丰富了《黄帝内经》等医籍理论，对后世多有启发。第三，载述广博详尽，为后世留下了丰富而宝贵的医学史料。

故事链接

一次，汉文帝召见淳于意，询问他学医始末及平日诊病医事，淳于意便自述其《诊籍》中的部分病例。后来，司马迁在《史记》中为仓公立传时就依据实录将这些病案收录进来，这部中医历史上最早的医案才流传到了今天，为后世留下了十分宝贵的早期诊疗疾病资料。《史记》中记

走进齐文化 五

载了《诊籍》中的 25 例病例，其中治愈 15 例，不治 10 例，涉及现代医学的消化、泌尿、呼吸、心血管、内分泌、脑血管、传染病、外科、中毒以及妇产科、儿科等。

拓展活动

古今中外，像上面故事的中讲到的贤能人物有很多，你还知道其他类似的故事吗？

中华传统文化

第17课 《齐民要术》

《齐民要术》为北魏贾思勰所撰,是我国第一部农业百科全书,在我国乃至世界农业科学技术史上有极其重要的地位。这本书在前代农学的基础上,全面、系统地总结了6世纪以前近400年间我国北方黄河中下游地区的农业,尤其是以临淄为中心的齐地农业的科学技术。

《齐民要术》包括农、林、牧、副、渔等。全书11万多字,其中正文7万字,注释4万字。正文分为10卷92篇。《齐民要术》的内容极为丰富:建立了较为完整的农学体系,对农学类目作了较为合理的划分;精辟透彻地说明了黄河中下游旱地发展农业技术的要领,特别是关于耕作中的耕、耙、糖等项基本耕作措施进行了阐述;将动物养殖技术向前

农作物贮藏

走进齐文化 五

推进了一步；详细介绍了我国广大地区特别是黄河中下游地区的汉族、少数民族人民的饮食习惯以及饮食、烹任技巧；记载有许多精细植物生长发育及有关农业技术的观察材料；重视对农业生产、科学技术与经济效益进行综合分析。

《齐民要术》从6世纪初写成到北宋时期的500年左右，全靠手抄在民间流传。此书唐代传至日本。至今世界上已有20多种译本出版。它卓越的科学内容，对当时和后世的农业生产都有深远影响，不仅是祖国宝贵的文化遗产，也是世界古代自然科学史上的一颗明珠。

知识链接

贾思勰，南北朝时北魏人，农学家、食品科学家、农业经济学家。6世纪前半叶，当时的齐郡益都（今潍坊寿光市）人，曾任冀州高阳郡（今山东临淄西北境）太守，从事农业科学技术活动的地域范围主要在黄中下游。其

贾思勰塑像

中华传统文化

著书的根本目的在于"要在安民，富而教之"，即如何使得民众生活安定，使他们生活富足和得到良好的教养。《齐民要术》成就主要有：第一，使传统的"天时、地宜、人力"农业理论更系统、更完善、更深入。第二，对人力资源的评价方法达到了一定的高度，为今天的人力资源分析提供了一定的借鉴。第三，对各项具体的农业技术作了全面的、系统的总结与发展。第四，强调农业经济应该全面发展。

分享交流

在植物栽培、饮食烹饪等方面，你了解哪些知识呢？跟你的好朋友分享吧。

活动探究课　经典名著知识竞赛

活动内容：

经典名著知识竞赛（评选优胜小组和优胜个人）

活动目的：

加深对从三年级开始学习的涉及政治、经济、军事、科学的9个经典名著知识的了解，自觉弘扬齐国文化，增强作为临淄人的自豪感。

活动准备：

1. 通过到图书馆查阅、上网搜集资料、请教专业人员等各种方法，了解更多的相关知识，制作竞赛试题（笔答题、必答题、抢答题）。

2. 制定评分标准。

3. 组成评委。

活动步骤：

1. 全班同学参与笔答题，各学习小组选出优胜者4人，参与现场必答题、抢答题的比赛。

现场比赛：（在主持人的主持下分轮次进行）

（1）每组成员先答必答题。

（2）现场抢答。

2. 评委评选出优胜小组和优胜个人。

3. 表彰奖励（可奖励齐文化经典名著图书）。

走进齐文化　五

第五单元　　齐风遗韵

　　悠悠齐国，八百余载。勤劳、善良、聪慧的齐国人，创造了灿烂辉煌的齐文化。让我们走近先人留下的遗迹，感受先人的精神。把今天的临淄建设得更加美好。

第18课　韩信岭

韩信岭又叫韩信宅，位于临淄区齐都镇河崖头村南。东西长约350米，南北长约200米，高约7米，地势高爽。传说韩信称齐王时曾筑宫、驻军于此。因此临淄人称之为韩信岭。

韩信岭遗址

1964年，省市考古部门，曾对韩信岭一带进行了全面的戡探，发现这里文化堆积特别厚，一般有3—4米，往往有四五层堆积。过去每逢大雨过后，古币、泥封、小铜印、化石环等文物时有出露。

铜鬲，西周，韩信岭附近的河崖头村出土

走进齐文化　五

知识链接

韩信是西汉时期著名的军事家，淮阴人（今江苏淮安人）。幼年父母早亡。吃百家饭，穿百家衣长大。一天傍晚，韩信从田里回家，乡里的一个恶少挡着道，不让韩信过去，那恶少嘲笑道："你今天要想过去，必须从我的胯下爬过去，要不你就别想走！"韩信想硬冲过去，可那恶少仗着人高马大，把韩信摔倒在地，上去就打。最后，韩信实在受不了，只好弯下腰从恶少的胯下钻了过去。围观的人哄堂大笑，都认为韩信是个怯懦的窝囊废。这件事在韩信幼小的心灵上留下了难以抹去的创伤，也促使他萌发了洗清奇耻大辱、出人头第的雄心壮志。从此，韩信学天下武艺，拜天下名师，读天下兵书。当韩信文韬武略、学富五车的时候，正是项羽和刘邦势均力敌，打得难分难解的时候。韩信因萧何推荐，被刘邦重用。自从韩信任大将军，刘邦节节胜利，项羽节节败退。公元前203年闰9月，韩信灭赵、燕后，兵锋直指齐国。齐王田广向楚国求救。11月，韩信与齐、楚联军战于潍水（今山东潍河）。大败齐楚联军，占领齐地。公元前202年2月刘邦立韩信为齐王。12月，齐王韩信指挥各

中华传统文化

路汉军，垓下之役消灭了楚霸王项羽。刘邦害怕韩信造反、嫉妒他的才能，驰入韩信军中，收夺了他的兵权，后改封韩信为楚王。公元前201年，韩信遭到刘邦猜忌，又被贬为淮阴侯。公元前196年寒冬正月，韩信被吕后杀死于长乐宫中的钟室，年仅33岁。

故事链接

公元前203年闰九月，韩信率军来到临淄。他先命令手下汉军士兵从淄河西岸附近，挖一条东南—西北向的大沟，然后掘开淄河，准备水淹齐城。大沟向北有一个村庄，将受灭顶之灾。人们心急如焚，纷纷逃离村子。村里有个读书人晏曾，非常聪明，见此情景，心中不忍，便向村民建议筑高村前的高崖，然后顺崖往东再挖一道沟，通到淄河。结果，汉军掘开淄河后，淄河水到了村前，被崖头挡住，顺沟向东流去，复归了淄河。韩信无奈，只好下令攻城，汉军势大，不几日便把临淄城攻破了。韩信派人把晏曾抓来，想杀他，晏曾劝韩信要爱惜百姓、为百姓造福。韩信被打动，只好释放了晏曾。此后，人们为了记住这段佳话，便把这个村子称为断流庄。后来，人们以为"断"字不吉利，便把"断"字改成了"永"字，成为永流庄了。这里至今还流传着："韩信掘河淹齐城，晏曾留下断流庄"的民谣。当初韩信让士兵们挖的那条大沟，人们称之为韩信河。

走进齐文化 五

拓展活动

寻一寻：亲自到临淄区齐都镇东北河崖头村踏寻韩信陵。

查一查：利用图书馆或网络搜寻齐国大将的故事。

中华传统文化

第19课　邹阳故里

西汉文学家邹阳的故里在辛店街。

姜太公辅佐周武王，灭商兴周，居首功，被封于齐国，因而带来了齐地的繁荣。从中原通向胶东半岛，设置从历城通向临淄的三杆三尺的国道，距今已三千余年。因姜太公"通商工之业，便渔盐之利"，各国商家从此国道而入。在路两侧，店家林立，财源滚滚聚齐国。因辛店庄内古立集市，故习称"辛店街"。前汉时期，已成聚落，此时，邹姓人家就在此居住。西秦后期，已形成200人商旅聚集村落。邹氏家族与孔子有一定的渊源，因而十分重视"四书五经"的家教。在清朝咸丰元年正月，临淄知县邹崇孟在古大路北侧，立汉邹阳故里碑。此碑现存于辛店街村委会。

邹阳故里碑（现存临淄区辛店街道辛店街村）

"邹阳，汉，临淄人。"他是西汉著名的文学家。他所作的散文精练流畅，深刻透辟，有战国游士纵横家善辩之风。纵观他的一生，是文学害了他，又是文学救了他。

孝文帝时，其子刘武，后人称梁孝王，其权"拟于天子"。齐人羊胜、公孙诡、邹阳都是刘武的贵客。因为邹阳有智谋才略，遭到羊胜、公孙诡的嫉妒，暗中栽赃陷害，被孝文帝下捕入狱。在狱中，他痛苦万分，愤怒不已。日不能宁，夜不能眠，像笼中的困兽。最痛苦时，他想一死了之，但又觉得那等于是战场上的逃兵。人生如同战场，要么被别人打败，要么被自己打败。他左思右想，不能当逃兵，要活下去，活着是美好的，活着就是胜利，他要战斗到胜利的那一天。此时的邹阳要倾诉！要呐喊！要申辩！要怒吼！于是，他在狱中醮着自己的血和泪，冒着砍头的危险，写下了辞意慷慨、委屈尽情的《狱中上梁孝王书》。

谁也没有想到梁孝王看了后，一方面为邹阳的文采所折服，另一方面为邹阳的人格所叹服。梁孝王本来就是爱才如命的人，就把邹阳释放了。邹阳因祸得福，还成了梁孝王的得力助手。

日积月累

辛店街位于胶济铁路以南，临淄城区南外环路以北，管仲路西侧，辛店街道办事处西南1.2千米。村民始以开店为业，称新店，后沿称辛店街。

中华传统文化

汉景帝时，邹阳与淮阳枚乘（字叔）、庄忌等文学明辨之士，同仕吴王刘濞。刘濞系汉高祖刘邦二兄仲之子，曾经以山西的铜，私自铸造币钱；煮海水造盐；又召集天下亡命之徒，预谋作乱，反叛汉朝。邹阳与枚乘为维护国家统一，屡次劝说汉景帝，汉景帝不听劝告。等到吴王濞联络楚、赵、胶东、胶西、淄川（现寿光南）等七国发兵作乱时，已经晚了，邹阳一气之下投靠了梁孝王刘武。

拓展活动

寻一寻：到临淄区的辛店镇看一看邹阳的墓碑。

查一查：利用图书馆或网络搜寻齐国文人的故事。

第六单元　　城台寻踪

　　雪宫台，因"与民同乐"而达到思想的高度。台，更是一种超越。梧台，因屈原居住过而达到爱国的高度。登台，你可远眺历史，使自己站在巨人们的肩上。读台，你感悟岁月，使自己完成自我心灵的超越。

第20课　雪　宫

雪宫台位于临淄区皇城镇曹村（原名雪宫村）以东。现台高5米，南北长30米，东西宽50米。雪宫，因近齐国故城东北门——雪门而得名，是齐都临淄的标志性建筑之一。

据史书记载，雪宫是齐国的官外之官，是齐王的离宫别馆（所谓离宫别馆，就是指正宫之外供帝王出巡时居住的宫室。相当于清朝的避暑山庄）。

雪宫初建于春秋时期，为齐景公修筑的宫内建筑；《晏子春秋》载："齐侯送晏子于雪宫。"可见，春秋后期，雪宫就是齐国君臣商讨国事、宴饮娱乐的重要场所。据考证，此雪宫似在齐都镇傅家庙、阚家寨附近。

战国齐宣王时代，在城外大规模营建了新的雪宫，筑馆阁、浚池沼、植树木、畜鱼鸟、养麋鹿，方圆四十里，用来宴宾客、恣游猎，但不许百姓进入。齐宣王曾在此会见过儒学大师孟子、楚国爱国诗人屈原、齐国名女钟离春等。

走进齐文化 五

特别是孟子,曾在雪宫进见齐宣王时,提出了"与民同乐"、"乐民之乐者,民亦乐其乐;忧民之忧者,民亦忧其忧"、"乐以天下,忧以天下"的民本主义观点,在中国历史上非常著名,也与当前"以人为本"的科学发展观、"以学生为本"的素质教育观有极深的历史文化渊源。

孟子

清朝于希方到此游览后,曾留下《雪宫诗》一首,诗云:凭吊古宫兴未阑,迷离芳草尚留丹。君王自促高贤驾,休作稷门一例看。

故事链接

能意闯宫的故事就发生在雪宫。据《吕氏春秋·贵直》载,齐国有个人叫能意。他听说齐王在雪宫玩乐好几天不早朝,左右也不敢进谏。能意来到雪宫门口,就大声吆喝:"快给我开门,我要见大王!"守门的不让他进去。能意火冒三丈,推开侍卫,闯进宫来。

齐宣王早就听说能意为人坦诚,说话直来直去,想见见这个人。今天不请自到,也就接见了他。问他:"寡人听说先生为人坦诚,说话直言不讳,从不阿谀奉承人,是这样吗?"

能意回答说:"没有的事。小人怎么能为人坦诚,说话刚直不阿呢?"

中华传统文化

宣王说："听满城的人说你好直，难道他们说错了？"能意说："大王，我听说过这样一句话，'刚直不阿的人，在腐败的国家里没有容身之处，也见不到昏庸的国君'。而我呢，家不但在齐国，今天也见到了国君。怎么能说我是个刚直不阿的人呢？"

宣王生气的说："你好个大胆的村夫，敢辱骂寡人。"就下令惩罚能意。能意不慌不忙地说："我能意从小就是这种性格，长大以后也是这么做。大王为什么不能和我们这种人相处，并且表扬我们的好直的行为呢？"于是，大王就把他放了。

分享交流

你还知道哪些发生在雪宫台的故事吗？赶紧跟同学交流交流吧。

拓展活动

寻一寻：亲自到临淄区皇城镇曹村踏寻雪宫台。

查一查：利用图书馆或网络搜寻齐宣王会见孟子的故事并了解其"乐以天下，忧以天下"的理论。

走进齐文化 五

第21课　梧　台

梧台位于今山东省淄博市临淄区梧台镇梧台村北，（齐国故城西北 10 公里处），是齐国宫台遗址中最雄伟的一座。它状如山丘，现高 18 米，周长 220 米，占地 16 亩，当地人称"梧台山"，是齐国宫室建筑中最大的一处夯（hāng）土台基。台东有康浪河，自南向北流去。河边，是宋国人得燕石的地方；台南是源于齐故城西南门的系水。

梧台是春秋时代梧宫内的高台建筑。梧宫，很早就是接待"外国"使臣的齐国国宾馆。至于宫、台何以命名为"梧"，还有一个小故事。相传春秋时，楚国派使者访问齐国。齐景公在此台设宴款待楚使。当时台的四周广植梧桐，树干高大，枝叶繁茂，楚使夸赞说："这梧桐树真够大啊！"齐景公听了，得意地说："我们齐国是大国，自然树也是大的！"因此，后人又称此宫为梧宫，称此台为

梧　台

中华传统文化

梧台。

民国九年《临淄县志》载，台西旧有汉灵帝熹平五年（公元176年）立的石碑，镌刻"梧台"二字，今碑已无存。

民国初年，台顶建有玄武祠。玄武祠之名，大概由屈原《楚辞·远游》中"时暧（ài）逮其党莽兮，召玄武而奔属"之句而来。当时，此前香火缭绕，反映出齐人对屈原的推崇。每逢端午，人们络绎不绝来此焚香上供，一次表达对屈原的缅怀和追思之情。祠于新中国成立前荒废。现上边仍有一祠，不著名称。

梧台遗址

日积月累

屈原

战国时期，楚国爱国诗人屈原，作为楚国使者，曾两次访问齐国，并下榻梧宫。公元前318年，时任左徒的屈原，受楚怀王派遣，冠切云，佩长铗（jiá），千里迢迢来到齐国临淄，下榻梧宫，与齐王言联齐抗秦之事；时隔六年（公元前312年），屈原风尘仆仆再次"使于齐"，也是下榻梧宫，欲重修两国之好，可惜

走进齐文化 五

心愿未遂，最后只好满腹忧伤地离开了齐国。

分享交流

你还知道哪些关于屈原或梧台的故事吗？赶紧和同学一起交流交流吧。

拓展活动

读一读：清代大诗人、博山人赵执信，曾来此游览，抚今追昔，感慨万千，写下了《梧台诗》，诗云：城西万木入天风，雨送秋声过梧宫。总是于今萧索地，当年那更树梧桐。

查一查：利用图书馆或网络查一查李白创作的有关梧台的诗来读一读。

中华传统文化

第22课　郳（xī）台

郳台位于今临淄区皇城镇石槽村。因处于春秋时纪国郳城（安平城的前身）内，故名郳台。相传战国时期，为看管粮仓之台，故又名"望粮台""望仓台"。至今在离郳台不远的村北，仍有称曰"上仓""下仓"的田垧（shǎng）。据民国九年《临淄县志》载："郳台在石槽盛村中，上有穴，深不见底，崔志以为安平侯刘茂所筑，未知是否"。郳城是春秋时纪国的城邑，与齐国都城临淄隔淄河相望。

郳台

郳台遗址

现在的郳台，台基呈椭圆形，高约12米，直径约15米，像一个高大的锥体，倒立在杂沓的民居间。十多米高的台顶上有树数棵，荆棘丛丛，似与天接，连周围的刺槐树也甘拜下风。四壁被风雨剥蚀出个个凹坑，但其夯筑的层次仍隐约可见。

住在附近的一位老者说，鄑台跟他开始记事时相比，四围至少收缩了 3 米，“文化大革命”时期更是遭受了一场浩劫。有一年发生涝灾，竟为生产队派上了用场，从古台取土垫牲口栏圈，导致台体大面积坍塌。后来淄博市临淄区政府加强了对古台的保护，才不致湮（yān）灭无存。

知识链接

齐灭纪国

纪国，是位于商朝东方的诸侯国，国君为姜姓。国都纪，位于山东半岛中北部，渤海莱州湾的西南岸（今山东省寿光市），处于当时齐国以东，莱国以南。疆域不亚于齐国或鲁国。

《史记》记载，齐哀公时，纪侯对周王说了齐哀公的坏话，周王把齐哀公召到京城，放到锅里烹了他。两国因此结仇。齐国一直伺机吞并纪国。

面对齐国侵扰，纪国采取联鲁抗齐政策，与鲁国结亲。鲁国也不希望齐国独大，极力保护纪国。直齐襄公即位，鲁、齐两国仍然围绕纪国的问题不断谈判，还发生了边境冲突。公元前 693 年，齐襄公继承父亲遗志，又一次发动对纪国的战争，攻占了纪国三邑。这时，纪国发生分

中华传统文化

裂，纪侯的弟弟嬴季投降齐国，做了齐国的附庸。而鲁庄公继续按照父亲鲁桓公时的对外政策，试图保全纪国。郑国国君郑子仪却谢绝鲁国请求。鲁庄公孤掌难鸣，只得退兵自保。

周庄王七年，即公元前690年，齐国军队攻破纪国都城。纪侯将剩下的国土交给嬴季，出国逃亡，从此不知所终。嬴季将土地人口全部交给齐国，以换取齐国保存嬴氏宗祀（sì）。独立的纪国就此灭亡。

分享交流

你还知道哪些有关纪国的故事吗？赶紧跟同学一起交流交流吧。

拓展活动

寻一寻：亲自到今临淄区皇城镇石槽村踏寻鄑台。

查一查：利用图书馆或网络搜寻纪国的故事。

走进齐文化 五

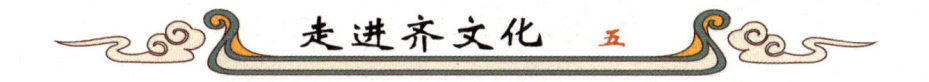

第七单元　　古冢传奇

　　齐国故都临淄，从西周初年的姜尚封齐建国，历经春秋桓公称霸，战国威宣王称雄，至创稷下学宫，倡百家争鸣，到西晋废齐，累计1300余年。泱泱齐国的辉煌历史，离不开明君的夙兴夜寐，更离不开贤臣忠良的鞠躬尽瘁。让我们一起铭记历史，谨记那份光荣；瞻仰碑墓，感受那份伟大。

中华传统文化

第23课　黔敖墓

黔敖墓位于今齐陵街道办事处前李官庄东约 60 米处。墓高 7 米，东西 52 米，南北 46 米。

据《礼记》记载，黔敖是春秋时期临淄人，姓公孙，名黔敖，姓名应是公孙黔敖，为齐庄公大夫。他乐善好施，为历代称颂。

故事链接

齐庄公时，一年，临淄一带久旱无雨，禾苗干枯，发生了严重饥荒，百姓四处乞讨。黔敖心急如焚，在路边建起粥棚，赈济饥民，饥民们闻讯纷纷前来乞粥。

这天，一个面黄肌瘦的饥民，垂着衣袖，趿拉着鞋子，无精打采地走过来。黔敖一手拿着谷饼，一手端着粥，很怜悯地喊："喂，快来吃吧！"那个饥民抬头瞪了瞪眼，望着他说："我

走进齐文化 五

就是因为不愿意听这种没好声好气的呼唤声，才饿成了这个样子。"黔敖知道自己怜悯心切的大呼小叫惹怒了饥者，便连忙向那个饥民道歉。但那个饥民固执得很，不管怎么赔礼道歉，还是一口也不吃，终于饿死了。因此后人把这件事概括总结成了成语"嗟来之食"。意思是有尊严的人不接受不尊敬自己的人的施舍。

知识链接

故事原文：齐大饥，黔敖为食于路，以待饿者而食之。有饿者蒙袂辑屦，贸贸然来。黔敖左奉食，右执饮，曰："嗟，来食。"扬其目而视之，曰："予唯不食嗟来之食，以至于斯也。"从而谢焉。终不食而死。曾子闻之曰："微与！其嗟也可去，其谢也可食。"

拓展活动

读了"嗟来之食"的故事，谈一谈，你对黔敖和"饥饿者"的行为都有什么看法？

第24课　三士冢

三士冢，位于临淄区齐都镇南关村东。一坟三墓，东西并列，高约12米，南北约55米，东西110米。为晏婴"二桃杀三士"的三勇士公孙接、田开疆、古冶子的合葬墓。今墓周围已建起围墙加以保护。墓西侧置张逊三书写的"三士冢"石碑。南设圆门、影壁，刻有诸葛亮的《梁父吟》和摹刻汉画像"二桃杀三士"。

三士冢

走进齐文化 五

故事链接

《晏子春秋·内篇谏下》记载了"二桃杀三士"的故事。

春秋末年,齐景公养了三名武士:公孙捷、田开疆、古冶子。他们武艺超群、力大无穷,但他们目无法纪、骄横无礼。当时的相国晏婴怕他们将来危及国家,便想设计除掉他们。一天,晏婴请齐景公赠给三个人两个桃子,让他们论功食桃。公孙捷认为,他曾打死过老虎,功劳最大,便拿走一个桃子;田开疆说他曾经领兵打仗,击退了敌国的侵略,功劳也不小,也拿走一只桃子。古冶子很不服气,他说:"我曾护送国君渡黄河,一头大鼋叼走左骖并潜入砥柱山下的激流中。我潜入水底,逆水潜行百步,又顺流九里,终于捉住大鼋,把它杀死。我左手握住马的尾巴,右手提着鼋头,像鹤一样跃出水面,船夫们都说:这是河神啊!像这样的功劳,简直盖世无双!我最应该食桃。二位还不赶快不把桃子还回来!"说着拔剑而起。公孙捷、田开疆听了古冶子的话,羞愧地说:"我们的功劳不及您,拿走桃子而不谦让,是贪心;既然这样而又不敢一

中华传统文化

死,是没有勇气。"说罢,二人都还回手中的桃子,拔剑自刎身亡。古冶子见状大惊,感叹道:"二位都死了,我独自活着,是不仁;拿话羞辱别人,而夸耀自己的功劳,是不义;行为违背了仁义,不死,是怕死鬼。"说完也把桃子交回,自刎而死。

三士死后,景公按礼士的礼节安葬了他们,葬于齐都城南,墓称"三士冢"。东汉末年,诸葛亮曾来此游览,写下了著名的《梁父吟》,对三士之死深表同情。

拓展活动

读了"二桃杀三士"的故事,你有什么想和大家交流的呢?

走进齐文化 五

第25课　公冶长墓

在临淄区的乌河西岸，济青公路北侧的凤凰镇小张王村南约100米处，有一座高约5米，周长约为60米的墓冢，这就是公冶长墓。公冶长（公元前519—公元前470）。

公冶长墓

公冶氏，名长，字子芝、子长，春秋时齐国诸邑（今山东诸城）人，曾任齐国莒邑（今山东莒县）大夫。系孔门"七十二贤"之一，孔子的女婿。公冶长一生治学，因德才兼备，深受孔子赏识。

故事链接

传说公冶长有特异功能，能听得懂鸟语。有一天，一只乌鸦飞来和他说："公冶长！公冶长！南山顶上有只羊，你吃肉来我吃肠，快快取之莫彷徨！"听罢，公冶长立即爬上南山一看，果然有只死羊！他就把羊拖了回来，煮着吃了。这本来是件好事，但是也许是他有点贪心，也许是他粗心大意，公冶长没有履行和乌鸦的约定，没有把肠子给乌鸦吃。乌鸦非常生气，便下决心报复公冶长。此事事后不久，南山有一个人被杀。这只乌鸦又飞来告诉公冶长"南山顶上有只羊"。公冶长这一次仍信以为真，就又爬到南山顶去找死羊，结果羊没找着，却发现了一具人尸。就在他刚要离开之时，碰上官府来捉拿凶手，于是被冤入狱。后来几经周折才免遭囹圄之苦。

分享交流

这个故事告诉我们，做人要讲究诚信。"言必行，行必果"，否则就会招来祸患。公冶长和乌鸦的故事很显然是个寓言，带有非常浓厚民间文学色彩和虚构成分，不可以拿来当正史看。但是公冶长曾蒙冤被捕入狱的事情却是事实。虽然公冶长入狱，不过孔子对公冶长的德行还比较放心。孔子认为"公冶长，可妻也，虽在缧绁之中，非其罪也"。

走进齐文化 五

第26课　黔娄墓

黔娄墓位于凤凰镇北金召村东南方向约100米处。封土已平，但遗址尚存。考古人员于1998年在此墓附近发掘出宋金时期的砖室墓。砖室墓内壁画精美至极，为省内罕见。

黔娄是战国时期齐国隐士、著名道家学者。他生活在齐威王时期，很有才华。尽管家境贫寒，但其安贫乐道，不慕荣华富贵，品行很高。齐威王因景仰他的品行，就想请他作齐国的卿，鲁恭公也想请他为相，但他都坚辞不受，婉言谢绝。《汉书·艺文志》就称赞他"守道不诎，（齐）威王下之"。黔娄在学术上颇有造诣，《黔娄子》四篇就是他的代表作。

故事链接

黔娄一生清廉。据说他死的时候，竟然因掩盖尸体的白布短小，而不能覆盖全身。蒙住头就露出脚来，盖上脚就露出头来。他的好友曾子建议把白布斜过来盖在尸体上，以盖住全身。而黔娄夫人对曾子的建议很不以为然，她说："斜着盖有余，不如正着盖不足。黔娄生前就是一

中华传统文化

个正直的人，死的时候反而斜盖着白布，这太不符合黔娄的品行。"曾子认为黔娄妻子说的非常有道理，自己感到很惭愧。

接着，曾子和黔娄的妻子谈论起黔娄死后的谥号一事。黔娄夫人说，自己的丈夫谥号应该叫"康"。"康"的含义就是一生安逸、欢乐。曾子认为黔娄一生贫寒，谥号"康"有些名不符实。黔娄的妻子解释说，既然黔娄拒绝做鲁相，说明他认为自己比鲁国国相还要显赫；齐国国君也曾经想赐给他三千钟粟，黔娄也坚决不要，这不正说明他认为自己非常富贵吗？黔娄品行高尚，淡泊名利，谥号为"康"，是完全应该的。曾子听了黔娄夫人的解释，深表感动，连声赞叹。

黔娄夫妇一生淡泊名利、洁身自好，被后世的许多文人墨客景仰。唐代大诗人元稹在悼念黔娄夫人的诗《遣悲怀》里，就把自己比作黔娄，把自己品德高尚的妻子比作黔娄的妻子，以此来讴歌自己纯洁真挚的夫妻爱情。

分享交流

了解了黔娄的事迹，你有什么想对黔娄说的吗？

拓展活动

关于黔娄历史上还有很多记载，比如，"黔娄夫人""穷死黔娄"等，快去搜集一些和同学交流一下吧。

第八单元　　文物撷英

临淄的齐刀币、齐瓦当、铜镜和镜范、古陶文,都最能体现临淄其文化的特色,因而也最具有研究价值和文物鉴赏价值。具有鲜明地域特征的文物,具体直观地代表了这个地域文化的独特风貌,是文物的精华,出土地的招牌。

中华传统文化

第27课　　临淄古钱币

刀币起源于生产工具或书写工具——刀削，春秋时期为齐国所独有，战国时期适用范围扩大至燕、赵以及北方匈奴地区，共同特征是以"化"为单位，可分为齐、燕、赵三国的刀币。

齐国是最早铸行刀币的国家，《管子轻重戊》记载："令左司马伯公将白徒而铸钱于山庄。"这表明春秋中期齐桓公在位期间，齐国已大量铸行刀币。

齐刀币以厚大精美著称，由刀首、刀身、刀柄、刀环四部分组成，刀首近于三角形，刀身和刀柄是大小相近的两个长方形；刀环呈圆形。刀环的直径与刀首长度是 1：7.5，恰好是人的头部与身高的比例。而整个刀币的长度是一般是18厘米左右，几乎是人手的长度，如果将6枚刀币首尾相接，可组成一个圆环。

临淄地区已出土五种面纹不同的刀币。即：安阳之法化、节墨之法化、齐返邦鋹（chāng）法化、齐法化、齐之法化。法化是标准货币的意思。每种刀币的背面都印有不同的铭文。

走进齐文化 五

在5种刀币中，齐之法化，为春秋时期姜齐政府铸造的刀币，"齐"一般指此种刀币的铸造地——齐都临淄，一般长17.5—18.5厘米。宽2.7—3厘米，重45—53克。

安阳之法化，为春秋时期姜齐安阳地方政府铸造的刀币。"安阳"指此种刀币的铸造地—安阳（今山东的曹县和莒县）。一般长18—18.5厘米，身宽2.8—2.9厘米，重44.5—47克。

节墨之法化，为春秋时期姜齐节墨地方政府铸造的刀币。"节墨"指此种刀币的铸造地——即墨。一般长18.5厘米，身宽2.5—3厘米，重50—61厘米。

齐法化，战国时期田齐政府铸造的刀币，"齐"一般指此种刀币的铸造地——齐都临淄。一般长17.8—18.7厘米，宽2.6—2.9厘米，重40.8—50.4克，齐法化流通最广，数量最多，传世甚丰。

齐刀币

齐返邦鋹（chāng）法化，为公元前279年田单复齐后，齐襄王还都临淄是所铸，为中国最早的纪念币。长18厘米，宽3厘米，重50克。

中华传统文化

日积月累

从齐国刀币出土的情况看,分布极为广泛。以临淄齐国故城为中心,东至山东半岛,西到聊城,都有大量刀币出土。在河南、河北、山西、陕西、湖北等省也有齐国刀币被不断发现。这充分说明了齐国商业的发达和外贸的繁荣。

齐刀币购买力十分高。据研究,一枚齐法化刀币,可购买252.3斤(战国制)的粟,约合今天的57.7千克,可购买食盐22.59千克(战国制),约合今天的5.2千克。

分享交流

齐刀币有哪几种?他们分别在当时起了什么作用?

拓展活动

查找资料,了解临淄古钱币,除了齐刀币外,还有哪些?

第28课　齐瓦当

所谓瓦当，就是接近屋檐的最下一个筒瓦的瓦头，俗称瓦头、瓦当、瓦裳或者茅头。他既有保护房屋椽子和木制飞檐免受风雨侵蚀的使用功能，又有美化屋檐的装饰功能。齐瓦当，是指以齐国故都临淄为中心，其范围涵盖齐境内广大地区所出土的、年代为周至两汉的瓦当。

齐瓦当的形制分半圆形和圆形两种。半圆形瓦当出现于春秋时期，流行于春秋战国时期至西汉早期，西汉中期以后逐渐被淘汰；圆瓦当出现于战国中期，较半瓦当稍晚一些，曾一度与半瓦当共同流行，东汉时期则完全取代了半瓦当。

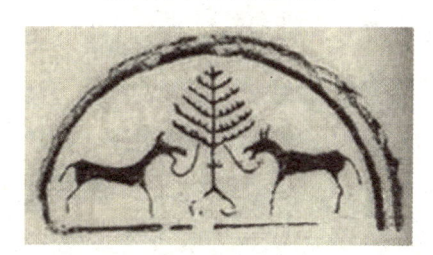

战国树木双马纹全瓦当

齐瓦当

齐瓦当

在纹饰特征上，齐瓦当分素面瓦当、花纹瓦当和文字瓦当三种，其纹样题材不但丰富，而且自成特色。花纹瓦当又可分为图案画、写实生活画和图案式生活画三类。

中华传统文化

在艺术上，齐瓦当所表现的题材内容多为现实生活和自然景物，大量采用现实主义创作手法，线条简洁，构图明快，造型古朴，画面极富生活气息，给人以亲切自然、质朴纯真之感。同时在手法上又讲求创新，灵活多变，构图想象丰富，充满奇诡之趣。这种以现实主义为主，兼具浪漫唯美主义的艺术风格，对汉代绘画特别是汉画像石的创作，以及对汉以后的绘画艺术，都产生了深远而积极的影响。

日积月累

齐瓦当历史渊源

瓦当最早见于西周，盛于春秋战国秦汉，后一直为我国传统建筑所用。特别是春秋战国时期，诸侯纷争割据，封建势力膨胀，各强国争相修建亭台楼榭，瓦当数量大增，并形成了各地不同的风格，如秦瓦当、洛阳瓦当、齐瓦当等。山东临淄是齐国都城所在地，是当时规模最大、人口最多、经济最繁荣的都市之一，遗留至今的瓦当资料十分丰富，其艺术风格独树一帜。

齐瓦当制作工艺

齐瓦当采用经过筛选的黄土做坯，高温烧制，质地细密坚硬，色泽均匀，表里一致，呈灰或蓝灰色。

走进齐文化 五

花纹瓦当中"图案画纹样"有套叠空心三角纹、乳丁钩云纹、卷云纹、圆圈纹、山形纹，等等，明显是受铜器纹饰影响而创作；"写实生活画纹样"有树木双马图、树木双骑图、树木双鸟图、树木双兽图、树木双蜥蜴图，等等。这类图案均以树木为母题纹样，树木两旁配以飞禽走兽或骑马的猎人，构图讲究对称，形象生动逼真，充满了人世间的生活气息，展现了自然界的美好景色，也是齐瓦当的最大特色所在；"图案式生活画"的题材也是取自自然景物，但却是以图案的方式来展现自然，比较抽象。

与花纹瓦当不同，文字瓦当则更加直接地反映了人们的思想与追求，齐瓦当所见文字有"天齐"、"千秋"、"千万"、"延年"、"千秋万岁"、"万岁未午"、"千秋未央"、"永奉无疆"、"千秋万岁安乐无极"，等等。由于瓦当面积较小，多数是将文字分开印制，使用时排列成句，所以常见单字或二字的半圆瓦当，圆瓦当则多见四字。

分享交流

跟家人和朋友分享一下自己了解的有关瓦当的知识。

拓展活动

查找资料，看看齐瓦当，还有哪些纹饰？

中华传统文化

第29课　临淄铜镜及镜范

临淄是我国战国至西汉时期的铸镜业中心。

目前临淄齐故城内已发现石佛堂东村、阚家寨村南、刘家寨村东、苏家庙村西4个铸镜遗址。

战国时期，临淄青铜镜的代表是错金银向前绿松石铜镜。该镜于1964年出土于今临淄稷下街道商王村的战国墓。镜钮与一般在中心者不同，以三环钮呈鼎足之势立于镜周。构图分为四等份，饰云纹，在粗线条的云纹上错以金丝，地嵌绿松石，还嵌有银质乳钉9枚。直径29.8厘米，厚0.7厘米。现藏于山东省博物馆。此镜在中国古代青铜铸造史上非常著名，是战国时期青铜镜的重要代表作之一。此外，战国时期临淄青铜镜还有齐都镇郎家庄出土的素面镜，稷下街道孙家徐姚、血功能街道雪宫中学出土的四山镜，凤凰镇林家店子村、稷下街道孙娄村出土的四叶纹

铜　镜

铜　镜

镜，稷下街道商王村透雕龙纹镜等。

西汉时期，临淄青铜镜的代表是龙纹矩形大铜镜。该镜于1979年出土于今临淄区辛店街道窝托村西汉齐王墓，是迄今为止全国发掘出土的最大的矩形铜镜。长115.1厘米，宽57.7厘米，后1.2厘米，重56.5公斤。镜面光洁平整，锃亮可鉴。背面是摸铸阳文，高出镜体1毫米，四周边缘饰连弧纹，主图案为盘错交接的龙纹图，二龙盘错缠绕，神采飞扬，极具动感。龙纹矩形大铜镜以其新颖灵巧的构思、古朴大气的风格以及精湛的铸造工艺，成为我国西汉青铜镜的扛鼎之作。此外，临淄还出土了有西汉时期的龙纹镜、草叶纹镜、日光镜、双圈铭文镜、星云镜、昭明连弧纹镜等。数量之多，品种之全，令人叹为观止。

铜　镜

中华传统文化

日积月累

　　所谓镜范，就是用来铸造铜镜的模子。从1940年到2006年，临淄先后出土了8批100余件西汉镜范，数量之多，种类之全，为国内首屈一指。临淄出土的西汉镜范，均为夹细砂质，断面有大量不连续的大小不均的空隙，质量较轻，且多为青灰色，少数呈橘黄色。按其形制结构和使用方法，可分为镜背范和镜面范两类。镜背范主要有草叶纹镜和蟠螭纹镜镜背范。镜面范则是全国首次也是唯一一次发现，对于研究汉代铜镜的铸造工艺具有重要的价值。

分享交流

想一想，铜镜分为哪几种？

拓展活动

查找资料，推测我国出土的镜范对全球的铸镜业起什么作用？

第30课 临淄陶文

临淄陶文,以戳印阳文为主,间或有刻划文字或戳印阴文。戳印部位主要在陶罐的颈部,陶壶、陶量、陶豆等的腹部,有的也在器内的底部;陶鼎上有印文的极少见。印形富有变化,有长方形、方形、圆形、三角形和不规则形。大多数印面不带方格,只有少数陶文印面带有方格。印文字数多少不一,最少者1字,最多者12字,一般在3—7字。

临淄陶文有官营陶器陶文与民营陶器陶文、特殊陶器陶文之分。营陶器陶文的陶文多见于量器,印大,字多。有陶文的量器发现有升、豆、区、釜,钟则没有发现。量器上的常见陶文格式可分为繁式和简式。繁式陶文格式为:地名(或身份)人名(皆为陈氏)+立事岁+左里敀亳+量名。个别的还在量名后加一"节"字。铭文最多的还在量名后加四字,前两

字为工师名，后两字疑为"所为"。简式只具有其中的某几项，最简的格式只有人名。

民营陶器陶文大多见于饮食器。其常见铭文是乡里名+人名。少数只有人名。人名的记名方式可分为五种：即某里人陶者某、某里人某、陶者某、某里曰某、某里某。人名一般只记名，少数还书氏。这些陶文的内容，基本形式是前有地址籍贯，后有制陶者姓名或场名，已完全具有文字商标可视性、显著性、独创性的基本特征。如"城阳豆里得"，"城阳"、"豆里"是商品生产厂家所在地，城阳为临淄东北方向的一个城邑，豆里为城阳邑下属的一个里；"得"是生产者或生产厂家的名字。很明显，是为了区别于他人的商品。因此我们认为，战国时期临淄民营陶器上的陶文，是我国最早的商标。

日积月累

临淄陶文中，有两种陶文非常特殊。一种为王卒左敀+乡里名的陶文，经学者考证，"王卒"、"左敀"都是军事性质的编制。这类制陶业主已编入军队，主要为军队提供陶器，带有军工企业性质。一种为带有"市"字的陶文。这种陶文最简单的仅有一个"市"字，复杂些的在"市"前加地名、在"市"后加人名。有专家研究后认为，与亭市制度有关。

走进齐文化 五

分享交流

想一想，陶文分为哪几种？

拓展活动

查找资料，说一说，陶文有什么作用？

中华传统文化

活动探究课　　我当小导游

活动内容：

通过对齐文化"山水风光""临淄名馆""临淄名园""祖先遗迹""城台寻踪""古冢传奇""文物撷英"等知识点的学习，知道了临淄历史悠久、文化灿烂，是中国齐文化的发祥地，也是华夏文明的重要发祥地之一。20余座古台举世闻名，150多座古墓沉睡千年，300余个古文化遗址星罗棋布，被誉为规模宏大的"地下博物馆"。作为一名临淄人应为之骄傲和自豪，请根据临淄地域特点和景点、遗迹等的分布，从你感兴趣的方面设计一条某一个方面或几个方面的旅游路线，并设计解说词，当一次小导游。

活动目的：

1. 进一步了解临淄山水、景点、文物古迹相关知识，经过整理形成知识链条，以当小导游的方式用自己的话讲给别人听，增强作为临淄人的自豪感，锻炼自己的写作能力、组织能力、交往能力。

2. 通过活动使每一个人都成为齐文化的耕耘者、传播者、继承者、发展者。

走进齐文化 五

活动准备：

1. 对小学一至五册的知识点进行整理，熟悉相关知识。

2. 通过阅读图书和上网搜集资料，了解相关的更多的知识，也可以回家询问老人，或请教专业人员了解更多的知识。

3. 现场实地考察。

活动步骤：

1. 每个人自己准备。先形成书面材料（路线图、景点、景点解说词）。

2. 小组交流，从多个方面评选2—3名优胜者。

3. 全班交流，选出优胜者。

4. "出版"一本旅游小册子。

主要参考书目

《齐国故都临淄》(上、下)——中共临淄区委、区政府编

《走进齐都》——谢维俊主编

《临淄成语典故》(上、下)——毕国鹏主编

《古代咏齐诗赋辑览》——王毅编著

《齐文化成语千句文》——王本昌、王海青著

《齐国成语典故故事》——王本昌著

走进齐文化 五

编后语：

为落实教育部《完善中华优秀传统文化教育指导纲要》精神，由宋爱国同志倡导和发起，张成刚同志积极推进，组成了《中华传统文化——走进齐文化》编委会，编写了本书，旨在使广大中小学生通过对齐文化的学习和了解，感悟齐文化的丰富多彩和博大精深，激发热爱齐文化的情感，提高对齐文化的认同度，从而探究齐文化，发掘齐文化，弘扬和光大齐文化，共建中华民族文化的精神家园。

徐广福拟定《〈中华传统文化——走进齐文化〉编写大纲》，确立了编写的指导思想、编写的原则、编写的思路、编写的体例、编写的内容和编写的目录；李德刚、吴同德、于建磊负责分册编写的组织、统稿、审稿和修订工作；王鹏、朱奉强、许跃刚、李新彦多次组织相关会议，推动了本书的编写工作；各分册的编写人员尽心竭力，按时完成了编写任务。

本书在项目论证、具体编写、审稿修订的过程中，得到了社会各界的帮助。齐文化专家宣兆琦教授对本书的编写纲要提出了很好的意见和建议；临淄区齐文化研究中心、齐文化研究社鼎力相助，宋玉顺、王金智、姜建、姚素娟、王景甫、王本昌、王方诗、邵杰、胡学国、王毅等专家给予了热情指导和真诚帮助，在此表示衷心感谢！

中 华 传 统 文 化

　　我们还要感谢试用本书的广大师生和读者。限于时间和水平，本书难免会存在一些问题，希望在试用过程中，及时把意见和建议反馈给我们，以便我们进一步改进和优化，提高本书的内涵品质。

《中华传统文化——走进齐文化》编委会

2023年2月